# Einsterns Schwester

# 3

Themenheft 2
Richtig schreiben

Herausgegeben von
Roland Bauer
Jutta Maurach

Erarbeitet von
Wiebke Gerstenmaier
Sonja Grimm

Cornelsen

# Inhaltsverzeichnis

Ich bin Lola und ich helfe dir.

## So kannst du mit den Heften arbeiten

Du machst alle
Seiten der Lernportion .

| Zuerst im grünen Heft. | Dann im roten Heft. | Dann im gelben Heft. | Und dann im blauen Heft. |

  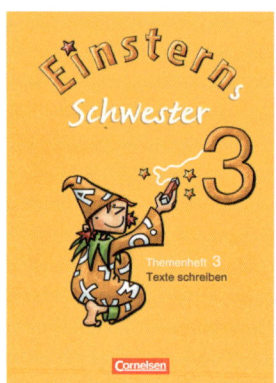 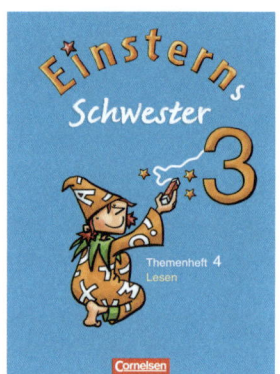

Danach machst du in
allen Heften die Lernportion .

Nun machst du in
allen Heften die Lernportion .

Genauso bearbeitest du
alle anderen Lernportionen.

Zu jeder
Lernportion
kannst du
im Arbeitsheft
arbeiten.

→ AH Seite …
Dieser Hinweis zeigt dir,
dass es eine passende Seite
im Arbeitsheft gibt.

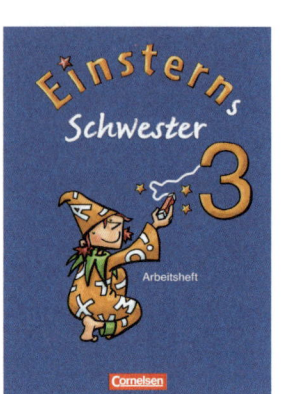

# 1 Wörter in Silben zerlegen

**1** Sprich die Wörter deutlich in Silben. Schwinge dazu.

> Wörter bestehen aus Silben. Jede Silbe hat einen Silbenkern: der Start, der Pilot

| Start | Maschine | Luft | Flughafen | Pilot |

| Funkgerät | Jumbo | Schalter | Radarschirm | Bodenpersonal |

**2** Schreibe die Wörter aus **1** mit Silbenbögen in dein Heft. Markiere die Silbenkerne.

Heft 2, Seite 5 ②
der Start, die Maschine, ...
...

**3** Setze die Silben zu Wörtern zusammen. Schreibe die sechs Wörter mit Silbenbögen auf.

Ab band ber der flug För ge gen hal Hub
ke le päck Rei schrau se Tank wa Wol

Heft 2, Seite 5 ③
Abflughalle, ...
...

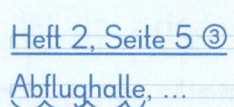
Tank  wa  gen

die Anzeigetafel
das Flugzeug
die Landebahn
der Rückflug
fliegen
verreisen

**So schreibe ich richtig ab:**
- Ich spreche ein Wort oder mehrere Wörter in Silben.
- Ich merke mir schwierige Stellen.
- Ich schreibe die Wörter auswendig auf und spreche dabei in Silben.
- Ich zeichne die Silbenbögen darunter und prüfe das Wort.

**1** Schreibe die Wörter der Einkaufsliste mit Silbenbögen untereinander in dein Heft. Achte auf schwierige Stellen.

Heft 2, Seite 6 ①

Margarine

...

✲ Margarine ✲ fünf Sesambrötchen ✲ Honigkuchen

✲ ein Kilo Äpfel ✲ sieben Bananen

✲ fünfhundert Gramm Milchreis ✲ zwei Liter Vollmilch

**2** Schreibe den Text als Schleichdiktat. Zeichne zur Kontrolle die Silbenbögen ein.

Merke dir immer kurze, sinnvolle Abschnitte.

Heute koche ich Milchreis. |

Dazu stelle ich | einen Topf mit Milch |

auf den Herd | und schalte ihn an. | Ich gebe |

zwei Löffel Zucker dazu. | Wenn die Milch kocht, |

schütte ich | eine Tasse Reis hinein. |

Damit nichts anbrennt, | rühre ich gut um.

Heft 2, Seite 6 ②

Heute koche ich Milchreis.

Dazu ...

der Kessel  der Pfeffer
der Löffel  der Zucker
die Pfanne  rühren

# 1. Texte richtig abschreiben

**1** Lies die Einkaufsliste. Schreibe die Einkaufsliste mit Silbenbögen in dein Heft.

acht Oktopusschwänze

sieben Warzenkröteneier

zwei Tüten rosa Oleanderblüten

fünf Krokodilstränen

eine Tube Schleimpasta

drei Kilo Knochenpulver

Baldrian

Heft 2, Seite 7 ① + ②

acht Oktopusschwänze

sieben Warzenkröteneier …

**2** Lies den Zauberspruch und schreibe die Zutaten mit Silbenbögen auf die Einkaufsliste dazu.

## Zauberspruch

Nimm Entenfedern, Löwenzahn
und einen Löffel Lebertran.
Sprich: „Hunke-munke-mops" dabei
und mische einen dicken Brei.
Schmier dir die Nasenspitze ein,
und stell dich in den Mondenschein.
Und schwebst du nun nicht in die Nacht,
dann hast du etwas falsch gemacht!

*Max Kruse*

Wenn du etwas in Silben liest und dabei läufst, kannst du es leichter auswendig lernen.

**3** Reime die Zaubersprüche weiter.

Hunke-munke-mops …

Räubersäbel, Hasenzahn, Majoran und Parmesan …

Lirum Larum Besenstiel …

# 1. Silbenkerne einsetzen

> Jede Silbe hat einen **Silbenkern**.
> Meistens ist es ein **Selbstlaut** (a, e, i, o, u): der Ball, die Nase
> Manchmal ist es ein **Umlaut** (ä, ö, ü): der Bär, die Möwe
> Manchmal ist es ein **Zwielaut** (ei, eu, au, äu): das Haus, die Leute

**1** Schreibe die Wörter mit Silbenbögen richtig auf.
Markiere die Silbenkerne.

Heft 2, Seite 8 ①
a) Rakete, ...
b) Raumschiff, ...

a) ✦ R✦k✦t✦ ✦ Pl✦n✦t ✦ S✦nn✦ ✦
✦ T✦l✦sk✦p ✦ M✦rsm✦nnch✦n ✦

b) ✦ Rmschff ✦ Strnbld ✦ Mnd ✦
✦ Mlchstrß ✦ Wltll ✦ nvrsm ✦

**2** Viele Wörter haben die Endungen **-er**, **-el** oder **-en**.
Schreibe die Wörter mit Silbenbögen auf.
Markiere die Silbenkerne.

Heft 2, Seite 8 ②
Rätsel, ...
...

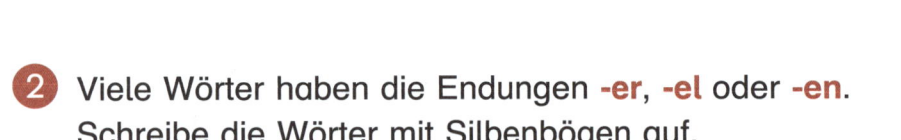

Räts✦   Himm✦   Gewitt✦   bleib✦   Flüg✦

flieg✦   fang✦   Vog✦   darüb✦

West✦   Ost✦   Wett✦   fall✦   Neb✦

dunkel
innen
oben
offen
sicher
wieder

Sprich deutlich
in Silben, dann kannst du
das e besser hören.

# 1 Wörter richtig trennen

**Wörter** mit zwei oder mehr Silben kann man **trennen**: Kin-der
Ich trenne Wörter **am Ende einer Zeile**, wenn nicht mehr das gesamte
Wort in die Zeile passt.
Ich trenne so, wie ich das Wort beim langsamen Lesen in Silben höre.

**1** Sprich die Namen der Kinder in Silben.
Schreibe alle Namen mit Trennstrichen auf.

Artur, Ben,
Esra, Felix, Jan,
Janosch, Marie, Marlene,
Max, Melina, Michel,
Moritz, Nina, Özgür,
Ramona, Ronja, Teresa, Tobias, Tom, Verena.

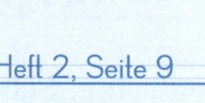

Einsilbige Wörter kannst du nicht trennen.

Heft 2, Seite 9
Ar-tur, Ben, …

…

**2** Knicke eine Heftseite der Länge nach in der Mitte.
Schreibe nur auf der linken Hälfte.
Trenne Wörter richtig am Zeilenende.

| Hausaufgabenheft | Wandertag | Elternsprechtag |

| Schulbeginn | Schülerbücherei | Frühstückspausenbrot |

Heft 2, Seite 9
Hausauf-
gabenheft, …

**3** Entscheide, welche beiden Regeln stimmen. Schreibe
die zwei richtigen Regeln zur Silbentrennung in dein Heft.

• Jede Silbe hat einen Silbenkern.

• Jede Silbe hat mindestens zwei Silbenkerne.

• Einsilbige Wörter kann man trennen.

• Einsilbige Wörter kann man nicht trennen.

Heft 2, Seite 9
Jede Silbe …

…

# Trennungsregeln kennen lernen

**1** Schreibe die Wörter mit Trennstrichen auf.
Finde Reimwörter dazu.

Heft 2, Seite 10

a) sin-gen, brin-gen, …

…

**a)** singen ✦ br✹✹✹✹✹ ✦ gel✹✹✹✹✹

**b)** winken ✦ st✹✹✹✹✹ ✦ bl✹✹✹✹✹ ✦ tr✹✹✹✹✹

**c)** lenken ✦ sch✹✹✹✹✹ ✦ d✹✹✹✹✹

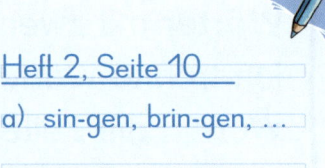

> Wenn du unsicher bist,
> wie du ein Wort trennen darfst,
> schau in der Wörterliste ab
> Seite 48 nach.

**2** Trenne diese Wörter.

| Butter | Messer | Kanne | Teller | Spagetti | Brille |

Heft 2, Seite 10

a) Butter, …

b) Merke: Wörter mit
   doppeltem Mitlaut
   trenne ich …

**a)** Sprich deutlich in Silben.
Mache die doppelten Mitlaute hörbar.
Schreibe die Wörter mit Silbenbögen auf.

**b)** Schlage die Trennung der Wörter in der Wörterliste nach.
Vergleiche. Schreibe dann einen Merksatz auf.

**3** Lies Lolas Tipp. Schreibe die Namen auf.
Achte darauf, ob du trennen darfst.

| Alex | Eva | Erkan | Finja |

| Hanna | Ida | Jakob | Lea | Lena |

| Malte | Niklas | Oli | Pia |

> Manche Wörter
> darfst du nicht so trennen
> wie beim Silbensprechen,
> denn ein Buchstabe darf nie
> allein stehen:
> Alex

Heft 2, Seite 10

Alex, …

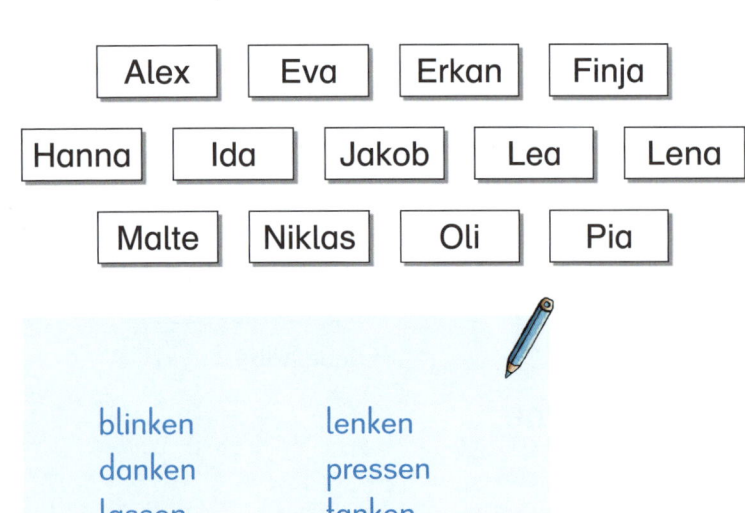

blinken     lenken
danken      pressen
lassen      tanken

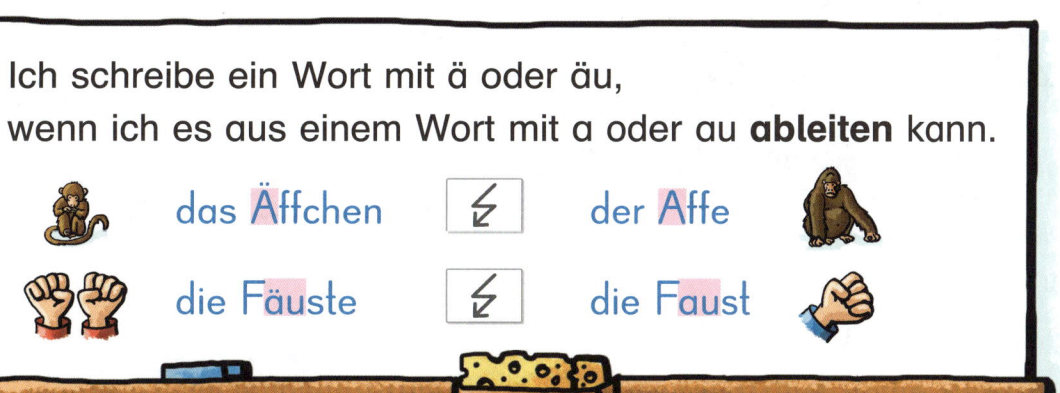

Ich schreibe ein Wort mit ä oder äu,
wenn ich es aus einem Wort mit a oder au **ableiten** kann.

das Äffchen  ⚡  der Affe

die Fäuste  ⚡  die Faust

**1** Finde ein verwandtes Wort. Leite ab.

Heft 2, Seite 11 ①
die Hände ⚡ die Hand
...

**2** Finde verwandte Wörter. Leite ab.

**a)** Ergänze und schreibe ins Heft.

Heft 2, Seite 11 ② a)
das Gärtchen ⚡ der Garten
...

| Klein ist: | | Groß ist: |
|---|---|---|
| das Gärtchen | ⚡ | der ▩ |
| das Täschchen | ⚡ | ▩ |
| ▩ | ⚡ | der Wald |
| ▩ | ⚡ | das Lamm |
| ▩ | ⚡ | die Taube |
| ▩ 🟠 | ⚡ | ▩ |
| ▩ ⚙ | ⚡ | ▩ |

die Ärzte
die Gläser
die Städte
die Tasche
die Wälder
die Zäune

**b)** Finde mindestens vier eigene Beispiele.

Auch für Verben mit **ä** und **äu** findest du verwandte Wörter, von denen du ableiten kannst.

**1** Finde das verwandte Verb.
Schreibe das Wortpaar ins Heft. Markiere **ä** und **äu**.

Heft 2, Seite 12 ①
: der Raum – aufräumen
...

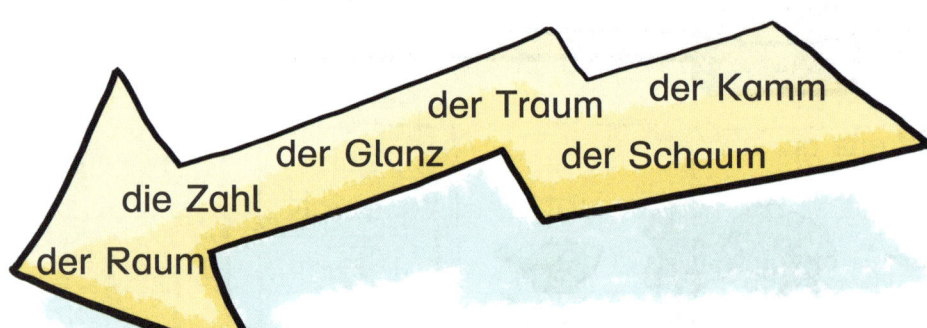

der Traum  der Kamm
der Glanz  der Schaum
die Zahl
der Raum

**2** Ergänze die Verben aus **1** in der passenden Form.
Schreibe die Sätze auf.

Opa ▨ Max gerne von früher.

Maike ▨ jeden Morgen ihre langen Haare.

Tom hat heute freiwillig sein Zimmer ▨.

Viele Menschen ▨ von einer Weltreise.

Das Spülmittel ▨ beim Geschirrspülen.

Der geputzte Sportwagen ▨ in der Sonne.

Heft 2, Seite 12 ②
Opa erzählt Max gerne
von früher.
...

**3**

die Zahl

erzählen

ändern
aufräumen
erzählen
glänzen
lächeln
wählen

Manchmal kann ich nicht hören, ob ich ein Wort
mit **b oder p, d oder t, g oder k** schreiben muss.
Dann verlängere ich das Wort durch Weiterschwingen.
Bei Nomen suche ich die Mehrzahl.

die Bur ? (g oder k?)   Beweis: die Burgen   Lösung: die Burg

Bei Adjektiven setze ich ein Nomen dahinter.

wil ? (d oder t?)   Beweis: das wilde Tier   Lösung: wild

Bei Verben suche ich die Grundform.

sie lie t? (b oder p?)   Beweis: lieben   Lösung: sie liebt

**1** Bilde die Mehrzahl der Nomen. Schreibe Einzahl
und Mehrzahl in dein Heft. Markiere die Nachdenkstelle.

Heft 2, Seite 13
das Sieb ↪ die Siebe
...

Kin*
Zel*
Fahrra*
Klei*
Ban*
As*
Stif*
Badeanzu*
Bur*
Saf*
Han*
Spielzeu*
Sie*
Kor*
Pfer*

**2** Schreibe mindestens drei eigene Beispiele auf.

**①** Setze **b** oder **p**, **d** oder **t** oder **g** oder **k** ein.

**a)** Schreibe ab.　　**b)** Finde weitere Beispiele.

Heft 2, Seite 14 ① a)
Das Kind ist krank. ↷
das kranke Kind …
…

Das Kind ist kran⭐.　　– das ▢ Kind

Der Ball ist run⭐.　　– der ▢ Ball

Der Drachen ist bun⭐.　　– der ▢ Drachen

Die Blume ist gel⭐.　　– die ▢ Blume

Der Professor ist klu⭐.　　– der ▢ Professor

**②** In jedem Quartett fehlt eine Karte.
Schreibe die Quartette auf. Ergänze die Grundform.

Heft 2, Seite 14 ②
du liegst – er liegt –
ihr liegt – liegen
…

ihr liegt · ihr gebt · sie jagt · liegen · du schwebst · du jagst · es schwebt · er gibt · ihr jagt · er liegt · du gibst · du liegst · ihr schwebt

**③**

erlauben
schieben
schweigen
steigen
sterben
treiben

# 2. Wörter mit doppeltem Mitlaut verlängern

Manchmal kann ich einen **doppelten Mitlaut** schlecht hören.
Dann hilft das **Weiterschwingen.** So kann ich den doppelten Mitlaut
in zwei Silben hören.

| Nomen: | Adjektiv: | Verb: |
|---|---|---|
| Stamm, die Stäm me | dünn, ein dün ner Mann | kommt kom men |

**1** Verlängere durch Weiterschwingen.
Kennzeichne den kurzen Selbstlaut.

| krumm | trifft | rennt |
|---|---|---|

| Kamm | Schritt | glatt | voll |
|---|---|---|---|

| Kuss | schnappt | kläfft |
|---|---|---|

Heft 2, Seite 15 ①

krumm ↪ eine krumme Banane

...

Vor einem doppelten Mitlaut steht immer ein kurz gesprochener Selbstlaut.

**2** Verlängere durch Weiterschwingen.
Schreibe auf, wie du verlängert hast.

Im Schwi✶unterricht hat Niko nicht viel
gelernt. Er hat sich am Bre✶ festgehalten
und weit weg gewünscht. Der Anfang war
du✶ gelaufen. In der ersten Stunde ist Niko
durch das Hallenbad gera✶t, ausgerutscht
und mit dem Knie auf die Fliesen gepra✶t.
Er durfte dann nicht mit ins Wasser und hat so
den Anschlu✶ verpa✶t. Aber jetzt ka✶ er es.
In den letzten Ferien war die Familie am Meer.
Und da ist Niko einfach ins Wasser gesprungen
und losgeschwommen. Dieses Gefühl war to✶.

Heft 2, Seite 15 ②

Schwimmunterricht ↪ schwimmen

...

der Kamm
das Schloss
beginnen
lassen
bestimmt
schnell

# 2. Verben mit ng und nk verlängern

① Würfle und rücke mit deiner Spielfigur in Pfeilrichtung entsprechend deiner Augenzahl vor. Bilde durch Verlängern die Grundform. Mache **ng** oder **nk** hörbar.

> Bei manchen Verbformen kannst du **ng** oder **nk** nicht deutlich hören. Bilde dann die Grundform:
> sie sprin★t – springen
> er den★t – denken

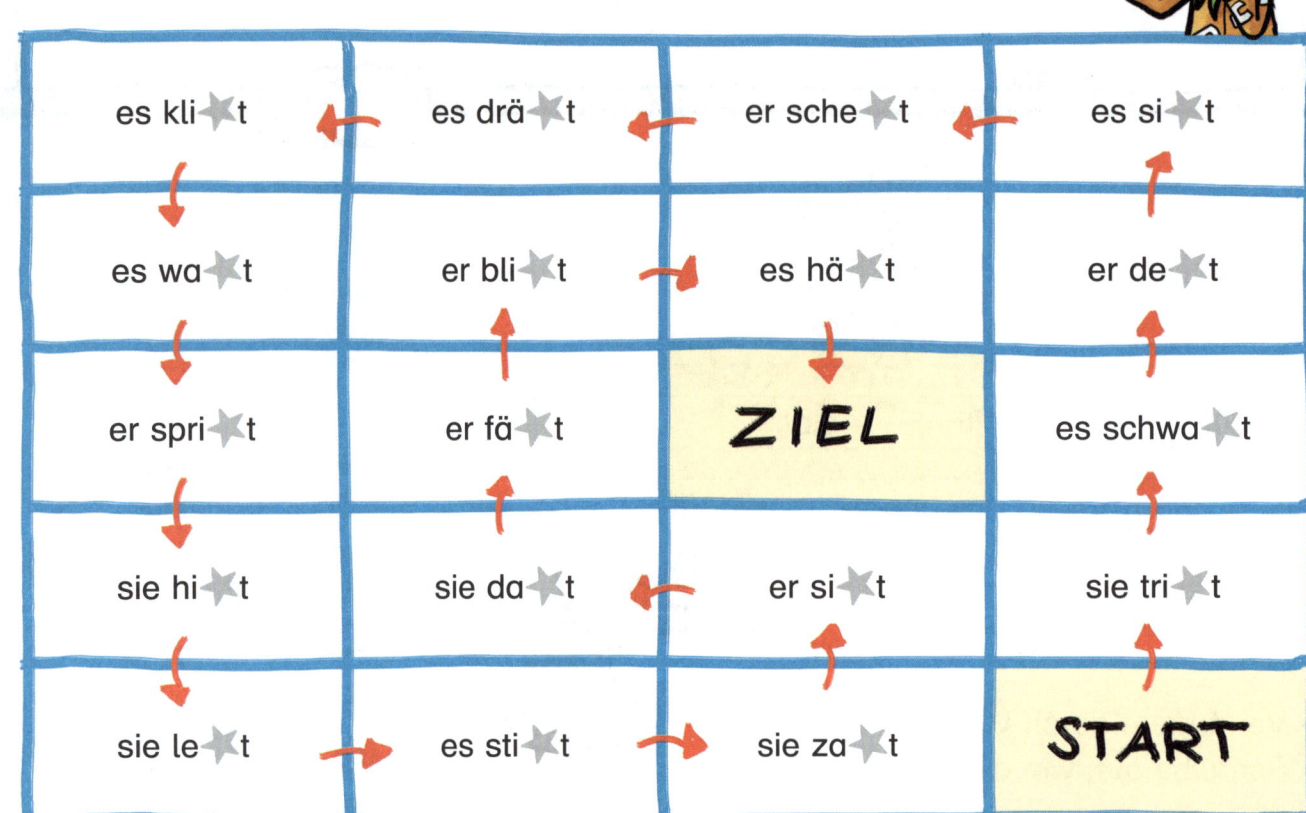

| | | | |
|---|---|---|---|
| es kli★t | es drä★t | er sche★t | es si★t |
| es wa★t | er bli★t | es hä★t | er de★t |
| er spri★t | er fä★t | **ZIEL** | es schwa★t |
| sie hi★t | sie da★t | er si★t | sie tri★t |
| sie le★t | es sti★t | sie za★t | **START** |

② Bilde mithilfe der Verben aus ① Reimwortketten in der Grundform.

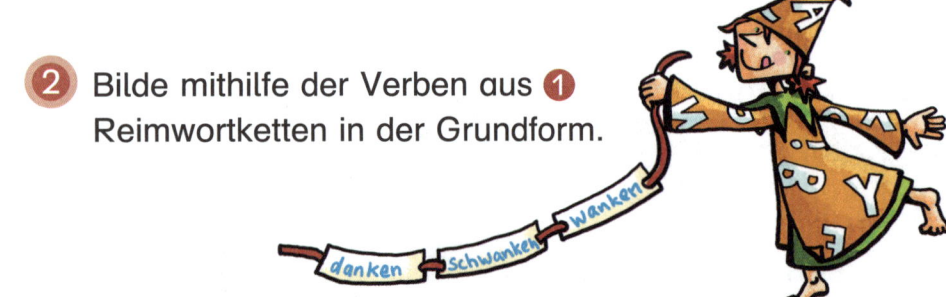

Heft 2, Seite 16 ②
danken – schwanken …
…

③ Suche aus der Wörterliste Wörter, bei denen du deutlich **ng** oder **nk** hören kannst.

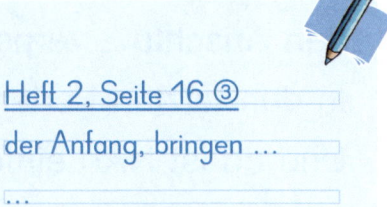

Heft 2, Seite 16 ③
der Anfang, bringen …
…

# 3 Wörter mit sch, sp und st schreiben

**1** Lies die Wörter. In diesen Wörtern folgen viele Mitlaute aufeinander.

**a)** Mache die Mitlaute hörbar, indem du die Wörter deutlich sprichst.

| schweigen | Schwester | Matsch | Schranke |

| schwer | schlau | schnell |

| rutschen | Schwein | klatschen | Zwetschge |

| schwarz | waschen | deutsch |

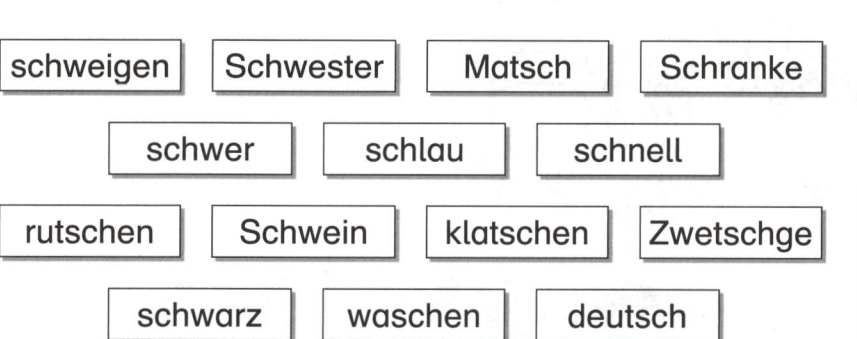

Heft 2, Seite 17 ① b)
Nomen: die Schwester, …
Verben: schweigen, …
Adjektive: …

**b)** Ordne die Wörter nach Nomen, Verben und Adjektiven. Schreibe sie mit Silbenbögen auf.

**c)** Schreibe drei Verben in den Personalformen
ich …, du …, er … auf.

Heft 2, Seite 17 ① c)
ich schweige – du …

**2** Ergänze **Sp**, **sp**, **St** oder **st**.

**a)** Sprich die Wörter langsam und deutlich.

★ort  ★enden  ★aren  ★ielen  ★reiten

★ehlen  Ge★ank  ★ucken  ★aziergang

★inne  ★inat  ★agetti  ★argel  ★urm

**b)** Ordne die Wörter.

🙂 Ich mag:     🙁 Ich mag nicht:

Heft 2, Seite 17 ② b)
Ich mag: Sport, …
Ich mag nicht: …

**3**

Wir schreiben abwechselnd und ohne zu sprechen ein Wort auf. Ob wir wohl an das gleiche denken?

schlucken
schwimmen
spotten
schlimm
schwierig
steil

→ AH Seite 20   Lernportion 3: Besondere Laute und häufige kleine Wörter

# 3. Wörter mit qu bilden

**M**

**1** Schreibe die Wörter mit Silbenbögen in dein Heft.
Die Bilder helfen dir.

Quel · Qual · le · Qua · Quark · le · Quar · drat
der · tett · Quit · tung · Quirl · Qua

  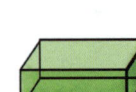     

Heft 2, Seite 18 ①

die Quelle, ...

...

**2** Lies die Wörter und sortiere nach Verben und Adjektiven.

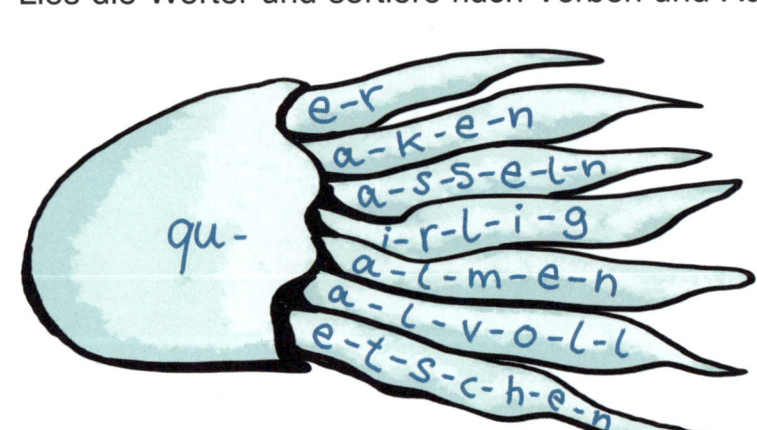

qu-
e-r
a-k-e-n
a-s-s-e-l-n
i-r-l-i-g
a-l-m-e-n
a-l-v-o-l-l
e-t-s-c-h-e-n

Heft 2, Seite 18 ②

Adjektive: quer ...

Verben: ...

**3** Schreibe Unsinnsätze mit
Qu- und qu-Wörtern.

Qualmende Quadrate
quietschen qualvoll.

Heft 2, Seite 18 ③

...

**4**

| | |
|---|---|
| das Quadrat | quälen |
| der Qualm | bequem |
| das Quartett | quer |

> Wörter mit lang gesprochenem i schreibt man fast immer mit **ie.**
>
> Nur wenige Wörter mit langem i schreibe ich mit **ih.**
>
> Diese kommen aber sehr oft vor:
>
> ihm, ihr, ihn, ihre

**1** Schreibe mindestens zehn Wörter mit **ie** auf.
Du kannst auch in der Wörterliste nachschlagen.

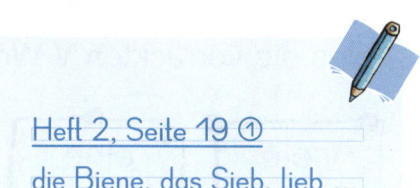

Heft 2, Seite 19 ①
die Biene, das Sieb, lieb ...
...

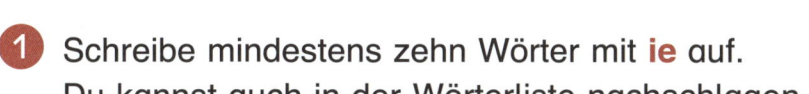

**2** Schreibe den Text ab und setze die Wörter richtig ein.

| ihrer | ihm | ihn | ihm |

| ihrem | ihn | ihre |

Heft 2, Seite 19 ②
Mein Hund heißt Bello.
Ich habe ihn sehr lieb.
Ich ...

Mein Hund heißt Bello. Ich habe ▊ sehr lieb.

Ich füttere ▊ und spiele mit ▊.

Nach der Schule gehe ich mit ▊ spazieren.

Meine Freundin hat drei junge Katzen.

▊ Namen sind Minka, Tinka und Katerle.

Sie liegen gerne in ▊ Körbchen

und kuscheln mit ▊ Mutter.

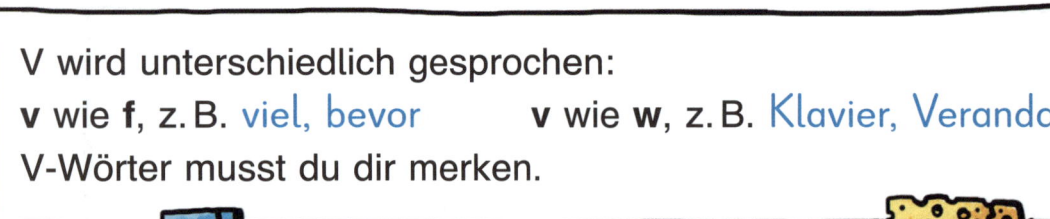

V wird unterschiedlich gesprochen:
**v** wie **f**, z. B. viel, bevor    **v** wie **w**, z. B. Klavier, Veranda
V-Wörter musst du dir merken.

**1** Ersetze die Bilder durch die passenden Wörter.
Lies die verrückten **V**-Wörter einem Partnerkind vor.

Heft 2, Seite 20 ①
viele Kugeln Vanilleeis …
…

viele Kugeln | eine violette | eine versteckte | eine verrostete

eine vollgekleckerte | ein verstimmtes | ein verwaschener

Vase — Vanilleeis — Klavier — Viper — Pullover — Lokomotive — Serviette

**2** Schreibe die Wörter in dein Heft.
Blau = Wörter, bei denen das v wie f gesprochen wird
Grün = Wörter, bei denen v wie w gesprochen wird

Heft 2, Seite 20 ②
völlig, Villa …
…

völlig · Villa · Virus · vor · Vogel · voll · vorn · Verb · Lava · bevor · Larve · Vulkan · November · Viper · Veranda · Vetter · bravo · Pulver · Vers · brav · Ventil · Nerven · Silvester · Vater

das Klavier
die Kurve
das Ventil
vorbei
vorn
vorsichtig

> Der x-Laut kann auf verschiedene Weise geschrieben werden:
> als **x**: Axt, Nixe          als **chs**: wechseln, Fuchs
> als **cks**: Klecks           als **ks**: Keks
> Die Wörter mit x-Laut musst du dir merken.

**1** Lies den Text und löse die Aufgaben.

**Hexenküche**

Hexe Mira mixt einen neuen Zaubertrank.
Für dieses Experiment braucht sie einige
exotische Zutaten: exakt siebenundzwanzig Gräten vom Lachs,
sechs Schuppen einer Eidechse, drei Haare vom Dachs,
einen Milchzahn vom Fuchs, einen Eimer Bienenwachs
und drei Becher Ochsenblut. Ihr Kater kommt
mucksmäuschenstill in die Küche geschlichen,
schnuppert und läuft schnurstracks wieder hinaus.
Obwohl Mira auf dem Gebiet der Mixturen
als Expertin gilt, schaut sie lieber noch einmal
in ihrem Zauberlexikon nach, damit der Trank nicht explodiert.

Heft 2, Seite 21

a) Lachs, ...

...

a) Schreibe alle vier Tiere mit **chs** auf.

b) Schreibe das Zahlwort mit **chs** auf.

c) Schreibe mindestens acht Wörter mit **x** auf.

d) Finde im Text ein anderes Wort für **genau.**

e) Finde im Text ein anderes Wort für **ganz leise.**

f) Finde noch ein Wort mit **cks**.

g) Finde ein Wort für das Gegenteil von **rechts.**

die Axt
boxen
verwechseln
wachsen
extra
der Fuchs

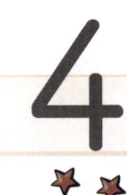

# 4 Kurze und lange Selbstlaute unterscheiden

Nach einem **kurzen Selbstlaut** (a, e, i, o, u) folgen meistens
**zwei oder mehr Mitlaute:**
- verschiedene Mitlaute: der Saft, winzig oder
- zwei gleiche Mitlaute: der Himmel, nass

Nach einem **langen Selbstlaut** folgt meist nur **ein Mitlaut:**
die Rose, das Gras

**1** Schreibe die Wörter ab und kennzeichne
den kurzen Selbstlaut mit einem Punkt.
Markiere die folgenden Mitlaute.

Heft 2, Seite 22 ①
alt, Tasse, …
…

| alt | Tasse | satt | krank | nett | wild |

| Saft | Kind | Kanne | Welt | Ente |

**2** Sprich die Wörter deutlich.
Schreibe alle Wörter mit einem langen Selbstlaut auf.
Kennzeichne den langen Selbstlaut mit einem Strich.

Heft 2, Seite 22 ②
das Glas, …
…

**3** Kurzes i oder langes ie?
Ergänze und schreibe
die Wörter in dein Heft.

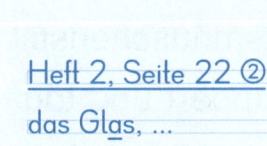
Ein **lang
gesprochenes i**
wird fast immer **ie**
geschrieben!

F✶nger   l✶b   s✶ngen

D✶b   w✶ld   rad✶ren

B✶ld   verl✶ren   st✶ll

Heft 2, Seite 22 ③
Finger, lieb, …
…

biegen          schief
verbieten       vielleicht

# 4 Wörter mit doppelten Mitlauten zuordnen

**1** Sortiere die Wörter. Markiere den doppelten Mitlaut.
Kennzeichne den kurzen Selbstlaut davor mit einem Punkt.
Zeichne Silbenbögen.

> Nach einem kurzen Selbstlaut stehen oft zwei gleiche Mitlaute.

Ho★y  Ba★
kri★eln  Kra★e
we★en  do★elt
tre★en  Ka★e
Ro★e  Kape★e  Gira★e
bi★ig  Tre★e  bre★en
Bü★el  Gewi★er
Pu★e

Heft 2, Seite 23 ①
bb: Hobby
ff: ...
ll: Ball
nn: ...
pp: ...
tt: ...

**2** Finde zu den Silbenbögen mit doppeltem Mitlaut passende
Wörter. Nutze die Wörterliste oder ein Wörterbuch.

Nomen | Adjektive | Verben
ff  pp  tt  gg  mm | pp  ll  ss  tt | tt  pp  nn  ss  mm

Heft 2, Seite 23 ②
Nomen: Koffer, ...
Adjektive: schlapp, ...
Verben: wetten, ...

**3** Überlege dir zu den Nomen aus den Wörterschlangen
Reimwörter. Kennzeichne den kurzen Selbstlaut.
Zeichne Silbenbögen.

Heft 2, Seite 23 ③
Fälle – Bälle
...

FÄLLEKUMMERHAMMERBUTTER
SUPPEKANNEWONNEKUTTER
GRILLETASSERÜSSEL

die Brille    fressen
das Futter    sammeln
die Stelle    stimmen

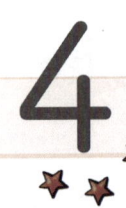

# 4 Wörter mit doppelten Mitlauten erkennen

**1** Sprich die Wörter in Silben. Trenne deutlich zwischen den doppelten Mitlauten, sodass du beide Mitlaute hören kannst.

| Wetter | Lappen | Teller | Messer | Löffel |

| essen | lassen | Matte | wollen |

**2** Verlängere die einsilbigen Wörter durch Weiterschwingen.

| still | Bett | er nennt |

| er muss | er will | Schloss |

| es brennt | schnell | hell |

Heft 2, Seite 24 ②
still – eine stille Nacht
...

Am Wortende hörst du den doppelten Mitlaut nur als einen Laut. Mache ihn durch Weiterschwingen hörbar:
das Bett – die Betten

**3** Sprich die Wörter deutlich in Silben. Achte dabei auf den doppelten Mitlaut. Schreibe die sieben Wörter mit einem kurzen Selbstlaut auf.

Heft 2, Seite 24 ③
Brille, ...
...

der Ball
der Fluss
der Müll
der Stamm
dumm
hell

> **Nach einem kurzen Selbstlaut** steht nicht kk sondern **ck**:
> der Wecker, backen, dreckig

**1** Finde die Reimwörter und schreibe sie auf.
Kennzeichne die kurzen Selbstlaute und markiere das **ck**.

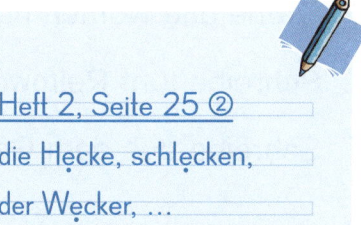

Heft 2, Seite 25 ①
backen – hacken –
der Nacken – die Zacken
...

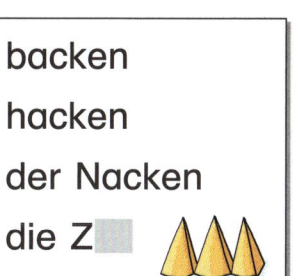

backen
hacken
der Nacken
die Z■■

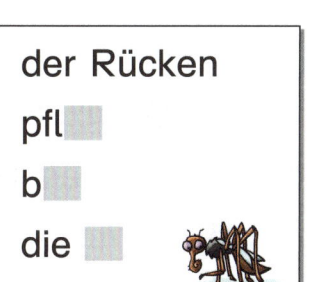

der Rücken
pfl■■
b■■
die ■■

die Hecke
die Z■■
die ■■

die Locken
h■■
die ■■

**2** Bilde mindestens zehn Wörter mit **eck**
und schreibe sie auf.
Kennzeichne den kurzen Selbstlaut mit einen Punkt.

Heft 2, Seite 25 ②
die Hecke, schlecken,
der Wecker, ...

| H | schl | | | | er |
| W | st | l | | | en |
| Z | w | schr | | eck | e |
| B | l | dr | | | lich |
| Gem | n | | | | ig |

das Glück
der Rücken
das Stück
einpacken
dick
schrecklich

# 4 Wörter mit tz üben

**Nach einem kurzen Selbstlaut** steht nicht zz, sondern **tz**: die Katze

Am Wortende kann ich das tz nur durch Verlängern hörbar machen:

der Blitz → die Blit-ze

**1** Würfle und wähle eine der beiden Aufgaben.
Löse so mindestens vier Aufgaben.

> Heft 2, Seite 26 ①
> ⊡ petzen, putzen, ….
> oder
> ⊡ Netze, Sitze, …
> …

Netz ✷ Mütze ✷ Tatze ✷ Pfütze ✷ Sitz ✷ Spitze ✷
petzen ✷ Latz ✷ putzen ✷ Witz ✷ sitzen ✷
schützen ✷ trotzig ✷ stützen ✷ Lakritze ✷ setzen ✷
Katze ✷ Verletzung ✷ hetzen ✷ spitz ✷ kratzig ✷
Platz ✷ Schatz ✷ kratzen ✷ witzig ✷ Blitz ✷ ritzen

⚀ Schreibe alle Verben mit **tz** auf. Markiere den kurzen Selbstlaut.

⚁ Schreibe alle Nomen mit **tz** auf. Markiere den kurzen Selbstlaut.

⚂ Schreibe alle einsilbigen Wörter heraus.

⚃ Ordne alle Nomen nach dem Alphabet.

⚄ Schreibe fünf Reimwortpaare mit **tz** auf.

⚅ Schreibe aus dem Gedächtnis möglichst viele **tz**-Wörter auf.

⚀ Verlängere durch Weiterschwingen alle Wörter, die auf **tz** enden.

⚁ Schreibe einen Unsinnsatz mit möglichst vielen **tz**-Wörtern.

⚂ Schreibe zehn **tz**-Wörter auf. Gestalte das **tz** besonders (groß, winzig, bunt, verschnörkelt …).

⚃ Schreibe ein kurzes **tz**-Gedicht.

⚄ Male ein Bild, auf dem viele **tz**-Wörter zu sehen sind.

⚅ Schreibe alle Adjektive mit **tz** auf. Markiere den kurzen Selbstlaut.

Sitz Blitz Witz

> die Katze
> der Platz
> jetzt
> plötzlich
> trotzdem
> zuletzt

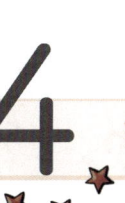

> Wörter mit einem **doppelten Mitlaut** trenne ich wie beim Silben-
> sprechen **zwischen den doppelten Mitlauten:** Pup-pe, mes-sen
> Wörter mit **tz** trenne ich zwischen **t** und **z**: blit-zen, put-zen
> **Aber:** Wörter mit **ck** trenne ich nach dem kurzen Selbstlaut.
> **c und k bleiben immer zusammen:** we-cken, Ja-cke

**1** Schreibe die Wörter mit Silben-Trennstrichen auf.

Heft 2, Seite 27 ①

Flüs-se, …

…

**2** Schreibe die Wörter mit Trennstrichen auf.

- ma trat ze Luft
- ze tat Kat zen
- ding sel Pud schüs
- cker cke Zu schne

Heft 2, Seite 27 ②

Luft-ma-trat-ze, …

…

**3** Maries Mutter braucht viele Dinge.
Schreibe eine Einkaufsliste mit Trennstrichen ins Heft.

> Schätzchen,
> ich bräuchte dringend
> einen Lockenstab, eine dicke Mütze,
> zwei Wickelröcke, etwas Lakritze und Haferflocken
> für die Grütze – ach ja, das Dackelfutter ist auch aus –
> und bring doch bitte noch Wackelpudding
> und drei Schneckennudeln mit!

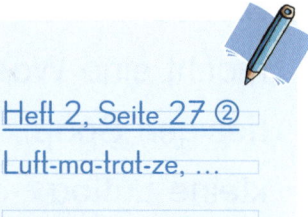

Heft 2, Seite 27 ③

einen Lo-cken-stab

eine di-cke Müt-ze

…

# 4 Doppelte Mitlaute in einem Schleichdiktat üben

**So schreibe ich ein Schleichdiktat:**

1. Ich lese den Text in Ruhe durch und lege ihn an einen weit entfernten Platz.
2. Ich merke mir einen Abschnitt bis zum Trennstrich und schleiche zu meinem Platz.
3. Ich schreibe den Abschnitt auf. Ich lasse dabei über jeder Zeile eine Zeile frei.
4. Ich schleiche wieder zum Text und merke mir den nächsten Abschnitt, bis ich den Text geschrieben habe.
5. Ich hole den Text und kontrolliere Wort für Wort.
6. Ich streiche ein falsches Wort durch und schreibe das richtige Wort darüber.

**1** Schreibe ein Schleichdiktat nach Lolas Anleitung.
Setze dabei **ll**, **mm**, **ss**, **tz** oder **ck** in die Lücken ein.
Decke die Lösung unten ab.

Heft 2, Seite 28 ①

Ein nasses Vergnügen

Bist

~~Bisst~~ du im Sommer …

…

**Ein na✳es Vergnügen** |

Bist du im So✳er | stark erhi✳t, |

macht eine Wa✳erschlacht |

riesigen Spaß. | Besonders wi✳ig ist es, |

kleine Luftba✳ons | mit Wa✳er zu fü✳en. |

Mit den Wa✳erbomben | werden besti✳t | a✳e Kinder na✳. |

Zerpla✳t ein buntes Gu✳igescho✳ | auf dem Asphalt, |

spri✳t es | bis in die hinterste E✳e. |

Fli✳t man nicht | schne✳ genug davon |

oder findet kein sicheres Verste✳, |

bleibt besti✳t | kein Kleidungsstü✳ tro✳en.

bleibt bestimmt kein Kleidungsstück trocken.
bis in die hinterste Ecke. Flitzt man nicht schnell genug davon oder findet kein sicheres Versteck,
bestimmt alle Kinder nass. Zerplatzt ein buntes Gummigeschoss auf dem Asphalt, spritzt es
Besonders witzig ist es, kleine Luftballons mit Wasser zu füllen. Mit den Wasserbomben werden
Bist du im Sommer stark erhitzt, macht eine Wasserschlacht riesigen Spaß.
**Ein nasses Vergnügen**

Lösung:

# 5. Das Alphabet wiederholen

**1** Schreibe die Buchstaben mit ihrem Vorgänger und Nachfolger auf.

⭐I⭐    ⭐O⭐    ⭐U⭐    ⭐E⭐    ⭐B⭐

Heft 2, Seite 29 ①
H I J, ...

...

**2** Lies die Wörter.

> Berg ✶ anfangs ✶ Punkt ✶ Kreis ✶ Erde ✶ Zeit ✶
> Dorf ✶ Garten ✶ endlich ✶ Feuer ✶ Licht ✶
> immer ✶ Idee ✶ Musik ✶ Uhr ✶ Traum ✶ Ort ✶
> oben ✶ Schluss ✶ unten ✶ Hase ✶ Jacke ✶ Netz

**a)** Schreibe alle Wörter auf, die mit einem Selbstlaut beginnen.

**b)** Schreibe alle Nomen nach dem Alphabet geordnet auf.

Heft 2, Seite 29 ②
a) anfangs, ...

b) Berg, ...

**3** Ordne diese Wörter nach dem Alphabet.

**a)** alt, arm, albern, ängstlich

**b)** braun, böse, blass, blind

**c)** trinken, tanken, denken, danken, schenken, lenken

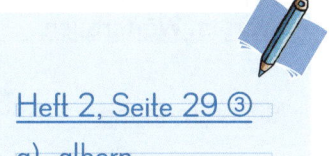

Wörter mit ä, ö, ü ordnest du ein, als hätten sie keine Pünktchen.

Heft 2, Seite 29 ③
a) albern, ...

**4**

A, B, C ...

Stopp!

die Prüfung
der Punkt
das Rätsel
die Sprache
richtig
schwer

# 5. Wörter im Wörterbuch finden

Im Wörterbuch stehen die Wörter nach dem Alphabet geordnet.
Zuerst steht **fett gedruckt** das **Leitwort,** dahinter stehen
manchmal noch Nebenstichwörter:

**falsch,** fälschen, der Fälscher, die Fälschung

**1** Sieh dir die Wörterbuchseite an.
Beantworte die Fragen in ganzen Sätzen.

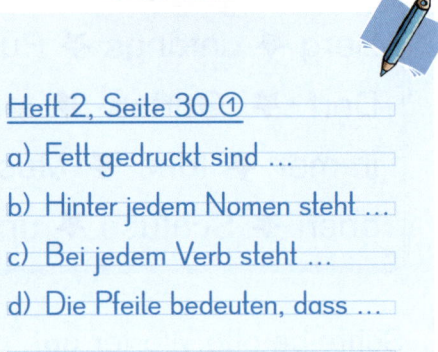

### Fa

## F f

| | |
|---|---|
| Leitwort | die **Fa\|bel,** die Fabeln |
| | die **Fa\|brik,** die Fabriken, der Fabrikant |
| | das **Fach,** die Fächer, |
| Verweis auf ein weiteres Wort im Wörterbuch | der Fachmann (→ Mann), das Fachwerk (→ Werk) |
| | die **Fa\|ckel,** die Fackeln |
| | **fad,** fade |
| Silbentrennung | der **Fa\|den,** die Fäden, einfädeln |
| Nebenstichwort | **fä\|hig,** die Fähigkeit |
| | **fahn\|den,** sie fahndete, die Fahndung |
| | die **Fah\|ne,** die Fahnen |
| Personalform | **fah\|ren,** sie fährt, sie fuhr, die Fahrt, der Fahrer, die Fahrkarte, die Fähre, das Fahrzeug S. 227 |
| Mehrzahl | das **Fahr\|rad,** die Fahrräder S. 211 |
| | **fair,** unfair |
| Vergangenheitsform | **fal\|len,** du fällst, sie fiel, auf jeden Fall S. 227 |
| | **fäl\|len,** er fällte S. 227 |
| | **fäl\|lig** S. 227 |
| | **falsch,** fälschen, der Fälscher, die Fälschung |
| | die **Fal\|te,** die Falten, falten |
| Artikel | der **Fal\|ter,** die Falter |
| | die **Fa\|mi\|lie,** die Familien |

115

Heft 2, Seite 30 ①

a) Fett gedruckt sind …

b) Hinter jedem Nomen steht …

c) Bei jedem Verb steht …

d) Die Pfeile bedeuten, dass …

…

**a)** Was ist immer fett gedruckt?

**b)** Was steht hinter jedem Nomen?

**c)** Was steht bei jedem Verb dabei?

**d)** Was bedeuten die Pfeile?

**e)** Schreibe das Wort mit den meisten Nebenstichwörtern auf.

**f)** Schreibe drei Nomen mit der Mehrzahlform auf.

> Wenn ein Nomen in der Mehrzahl steht, muss ich zuerst
> die Einzahl bilden, um das Wort im Wörterbuch zu finden:
> Mäuse finde ich unter Maus.

**1** Finde zu den Mehrzahlwörtern das Einzahlwort.
Suche in der Wörterliste und schreibe die Seitenzahl
und das Einzahlwort mit Artikel heraus.

Heft 2, Seite 31 ①
Tücher → das Tuch, Seite 54 …
…

| | | | |
|---|---|---|---|
| Tücher | Kämme | Wörter | Eier |
| Fahrten | Blüten | Gärten | Wälder |
| Bücher | Fahrräder | Tränen | Schwestern |

**2** Bilde das Einzahlwort
und ordne es den Buchseiten zu.

Heft 2, Seite 31 ②
Flüsse → Fluss: Seite 1
…

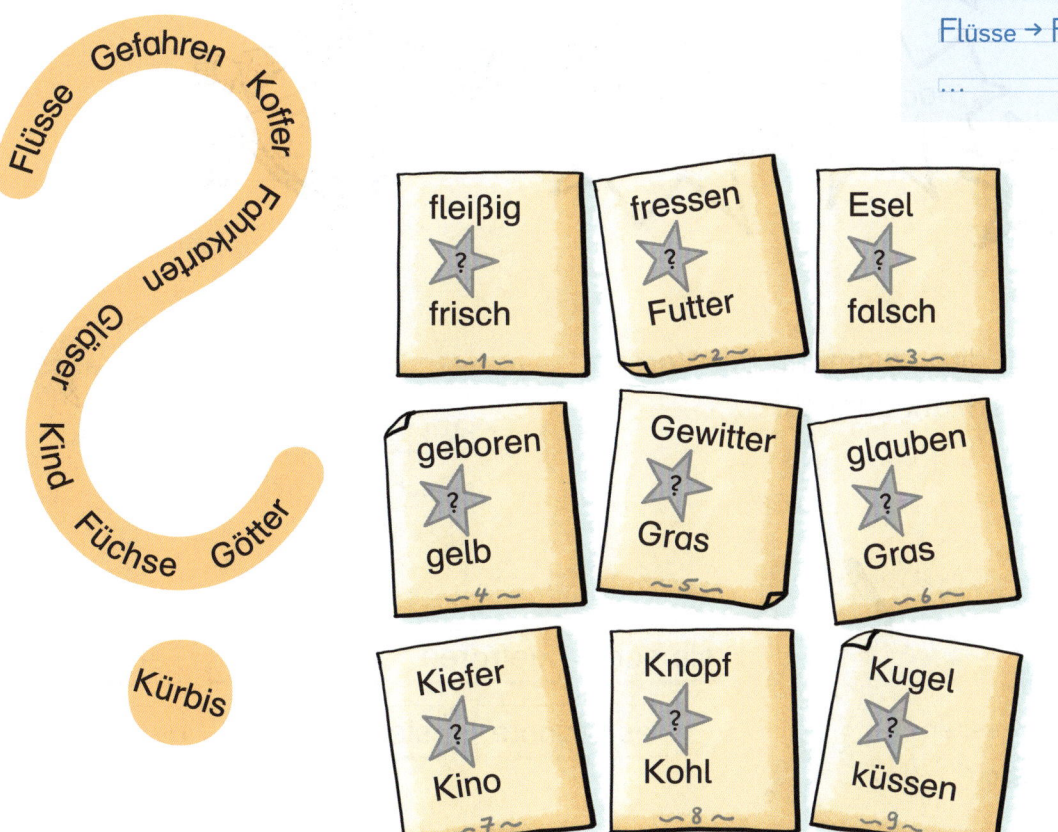

Flüsse  Gefahren  Koffer  Fahrkarten  Gläser  Kind  Füchse  Götter  Kürbis

fleißig ? frisch ~1~

fressen ? Futter ~2~

Esel ? falsch ~3~

geboren ? gelb ~4~

Gewitter ? Gras ~5~

glauben ? Gras ~6~

Kiefer ? Kino ~7~

Knopf ? Kohl ~8~

Kugel ? küssen ~9~

der Gott
das Gras
die Träne
der Zeh
geboren
fleißig

# 5. Verbformen im Wörterbuch finden

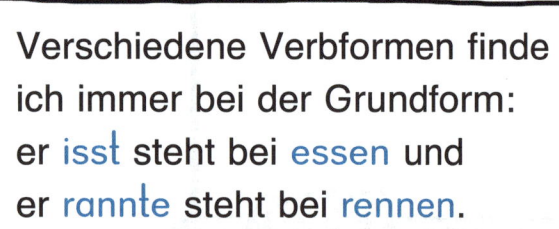

Verschiedene Verbformen finde ich immer bei der Grundform:
er isst steht bei essen und
er rannte steht bei rennen.

In manchen Wörterbüchern findest du auch die verschiedenen Verbformen.

**1** Suche die Vergangenheitsform im Wörterbuch.

fangen   zanken   vergessen
werfen   nehmen
bitten
waschen   flattern
wissen   machen   fliegen
helfen

Heft 2, Seite 32 ①
fangen – er fing (Seite ...)
...

Die Vergangenheitsform eines Verbs steht auch bei der Grundform.

**2** Suche im Wörterbuch die Grundform der Verben und schreibe die Seitenzahl dahinter.

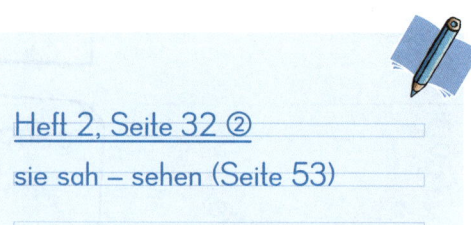

Heft 2, Seite 32 ②
sie sah – sehen (Seite 53)
...

aß        sah
ging      vergessen
nehmen    wissen

| sie sah | gefroren | er schnitt | er aß |
|---------|----------|------------|-------|

| es brannte | sie erschrak | gesessen |
|------------|--------------|----------|

> Zusammengesetzte Wörter zerlege ich in ihre Bestandteile
> und schlage diese Wörter einzeln im Wörterbuch nach:
> **Waldarbeiter: der Wald + arbeiten**

**1** Zerlege die acht zusammengesetzten Nomen
in Einzelwörter. Überprüfe die einzelnen Wörter
mit dem Wörterbuch und schreibe sie richtig auf.

Wieso finde
ich das Wort nicht
im Wörterbuch?

Herr Maier ist Förster. Zusammen mit einem Waltarbeiter
schaut er, welche Laubbeume gefällt werden müssen.
Auf einem alten Baum nistet ein Buntschpecht.
Der Baum darf deshalb noch stehen bleiben. Auch die
Informatzionsschilder am Naturlehrpfat müssen neu
befestigt werden. Als er die Futtergrippe auffüllt, kommen
zwei Wiltschweine und ein Rehkiz.

Heft 2, Seite 33 ①
der Wald + arbeiten
der Waldarbeiter
das Laub + der Baum
die Laubbäume
...

**2** Bilde mit einem Partnerkind Wörterketten.

Treppenhaus

Haustür

Türschloss

der Bach
die Ente
das Feld
der Frühling
der Fuchs
der Garten

**1** Verfolge die Linien mit dem Finger und schreibe die Wörter geordnet nach ihrer Herkunft auf.
Schreibe bei Nomen die Artikel dazu.

> Wenn du den Artikel nicht weißt, schlage im Wörterbuch nach.

Heft 2, Seite 34 ①
GB: Jeans, T-Shirt, ...
F: Baguette, ...
...

| GB | F | GR | I |
|---|---|---|---|
| Jeans | Baguette | Lexikon | Pianist |
| Thermometer | T-Shirt | Café | präparieren |
| Mathematik | Sport | Bonbon | |
| Produkt | cool | Psychologe | Saison |
| Rollerskates | Verb | Champignon | |
| Symbol | Test | Explosion | Picknick |

**2** Suche das Fremdwort mit derselben Bedeutung im Wörterbuch.

Namenwort = N✳✳✳✳

Innenstadt = Ci✳✳

kräftig rosa = p✳✳✳

Versuch = Ex✳✳✳✳✳✳✳✳

gesundheitlich in Form = ✳✳✳

> Die Römer in Italien sprachen früher Latein, viele unserer Wörter kommen aus dieser Sprache.

Heft 2, Seite 34 ②
Namenwort = Nomen,
Innenstadt = ...
...

**3** Suche das Fremdwort und dessen Bedeutung im Wörterbuch. Erkläre die Bedeutung mit eigenen Worten.

Spagetti    Thermometer    Portmonee

Heft 2, Seite 34 ③
Spagetti sind...
...

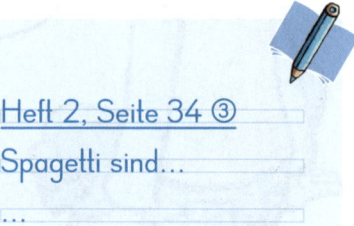

**1** Schlage die markierten Wörter im Wörterbuch nach und schreibe sie richtig auf.

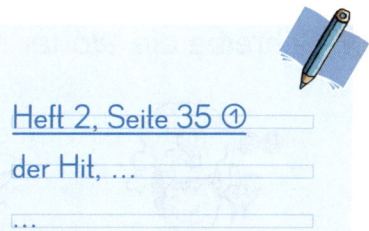

Heft 2, Seite 35 ①

der Hit, ...

...

Das Schulfest am letzten Samstag war der <u>Hitt</u>. Bei <u>stralendem</u> Sonnenschein waren mehr als dreihundert Leute gekommen, um gemeinsam das <u>Jubileum</u> der Erich-Kästner-Grundschule zu feiern. Vor genau fünfzig Jahren wurden hier <u>nähmlich</u> die ersten Erstklässler eingeschult. Die Klassen hatten <u>Abwechslungsreiche</u> Vorführungen, lustige Spiele, verschiedene <u>Bastelstazionen</u> und viele leckere <u>Schpezialitäten</u> aus allen Ländern vorbereitet. Das ganze Schulgebäude war überall liebevoll dekoriert. Der Höhepunkt des Tages war aber die <u>Klassenolimpyade</u>. Alle Schüler trafen sich zu einem <u>fähren</u> Wettkampf im Torwandschießen, Froschweitsprung und Drachenlauf. Bei dieser <u>Distziplin</u> gelang es der Klasse 4 b unter den Anfeuerungsrufen der Fans die <u>Koncurrenz</u> hinter sich zu lassen. Bei der Gesamtwertung erzielte jedoch die Klasse 3 a das beste Ergebnis und durfte den <u>Pockal</u> in Empfang nehmen. Danach halfen alle Eltern, Schüler und Lehrer tatkräftig beim Aufräumen, sodass sogar unser Hausmeister mit dem Ablauf des Festes sehr zufrieden war.

> Oh! Einige Wörter sind falsch.

**1** Schreibe die Wörter mit Artikel auf.

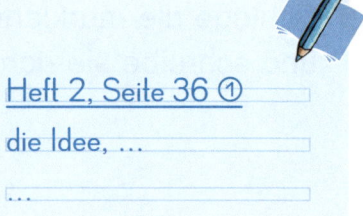

Heft 2, Seite 36 ①

die Idee, ...

...

**2** Schreibe die Wörter auf.

| d☾☾f | Erdb★★★re | M☾☾r | W✿✿ge |
|---|---|---|---|
| p✿✿r | M★★r | Z☾☾ | l★★r | St✿✿t |
| T★★r | ✿✿l | M☾☾s | Kl★★ | B☾☾t |

Heft 2, Seite 36 ②

doof, ..

...

**3** Ergänze die Reimwörter und schreibe
den ganzen Satz ins Heft.
Unterstreiche die Reimwörter des Satzes
in derselben Farbe.

Heft 2, Seite 36 ③

a) Die Ameisenarmee

marschiert durch die Allee.

b) ...

a) Die **Ameisenarmee** marschiert durch die  .

b) Der Zwerg verspeist **Gelee** am  .

c) Im **Mäusehaar** da sitzt ganz frech ein  .

d) Die **Fee** trinkt heute mal statt  einen  .

**4**

die Beere     das Paar
das Boot       doof
der Kaffee     paar

# 6. Wörter mit langem i finden und ordnen

> Es gibt einige Wörter mit langem i, die nur mit i geschrieben werden:
> Das sind Merkwörter. Diese Wörter präge ich mir gut ein: Artikel

**1** Schreibe aus dem Text die neun Wörter mit langem i auf.

Auf Carlas Einkaufszettel stehen folgende Artikel:
Mandarinen, drei Liter Orangensaft, zweihundert
Gramm Rosinen, ein Brot und ein Kilo Apfelsinen.
Für Papas Kusine Eva packt Carla noch eine Schachtel
Pralinen ein. Für sich kauft Carla ein neues Lineal.

Heft 2, Seite 37 ①
Artikel, ...
...

**2** Sortiere die Wörter nach ihrer Silbenanzahl.
Markiere in jeder Silbe den Silbenkern.
Zeichne Silbenbögen.

Kino ✤ mir ✤ prima ✤ Gardine ✤ Klinik ✤
lila ✤ Lawine ✤ Maschine ✤ Linie ✤ wir ✤
minus ✤ Medizin ✤ Clementine ✤ Kabine

Heft 2, Seite 37 ②
eine Silbe: ...
zwei Silben: Kino, ...
drei Silben: ...
vier Silben: ...

**3** Schreibe die acht Nomen aus der Wörterschlange
mit Artikel und Silbenbögen auf.

Heft 2, Seite 37 ③
die Olive, ...
...

DETEKTIVVIRENVITAMINEVIPER
OLIVEVIDEOVAMPIRVIOLINE

Die Wörter
der Wörterschlange sind
„doppelte Merkwörter". Man schreibt
sie mit V und gleichzeitig
mit langem i.

die Idee    die Maschine
das Kilogramm   der Tiger
die Linie    prima

# 6. Wörter mit Dehnungs-h erkennen

M

**1** Ordne jeder Wortfamilie ein Nomen,
ein Verb und ein Adjektiv zu.
Markiere das unhörbare h und
den Selbstlaut davor.

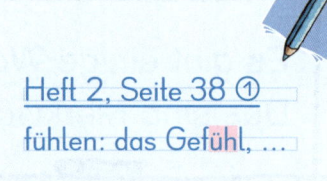
Heft 2, Seite 38 ①
fühlen: das Gefühl, …

…

fühlen    rühren    wohnen    lehren

das Gefühl    rührselig    die Wohnung    anfühlen

der Rührbesen    die Lehrerin    gefühlvoll    wohnhaft

lehrreich    bewohnen    belehren    umrühren

**2** Suche zu den Bildern Reimwörter.

Z = K    F = S    M = S    M = Str    Sch = K    M = R

Heft 2, Seite 38 ②
Zahn – Kahn, …

…

**3** Lass dir von einem Partnerkind die Sätze diktieren.
Schreibe aus jedem Satz nur das Wort mit Dehnungs-h.

Heft 2, Seite 38 ③
a) Bohnen

b) …

a) Timo mag keine Bohnen.

b) Die Polizei setzt eine Belohnung aus.

c) Ohne Haare hat man eine Glatze.

d) Die Wühlmaus gräbt sich einen Gang.

e) Eine Höhle ist ein Loch im Berg.

f) Fohlen sind junge Pferde.

der Draht     der Verkehr
die Fahrkarte  fühlen
die Höhle     führen

# 6. Wörter mit ß einsetzen

**1** Löse das Rätsel.

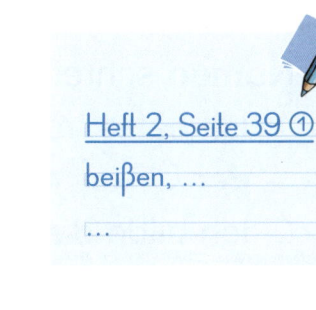

A = 1 / B = 2 / C = ?

Beispiel:  2.5.9.ß.5.14    beißen

| 19.20.18.1.ß.5 | 23.5.9.ß | 19.16.1.ß |

| 6.12.9.5.ß.5.14 | 4.18.1.21.ß.5.14 |

| 19.20.15.ß.5.14 | 6.12.5.9.ß.9.7 |

Heft 2, Seite 39 ①
beißen, ...

...

**2** Finde Reimwörter und setze die Silbenbögen.

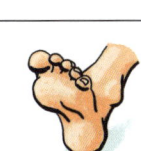

F⋆ß
Gr⋆⋆
R⋆⋆

b⋆⋆ß⋆⋆
r⋆⋆⋆⋆⋆
schm⋆⋆⋆⋆⋆
h⋆⋆⋆⋆⋆

g⋆⋆ß⋆⋆
spr⋆⋆⋆⋆⋆
sch⋆⋆⋆⋆⋆
schl⋆⋆⋆⋆⋆

F⋆⋆ß
St⋆⋆
bl⋆⋆
gr⋆⋆

Heft 2, Seite 39 ②
Fuß, Gruß, ...

...

**3** Welches Tier ist Tims Lieblingstier? Schreibe in dein Heft.
Setze dabei Wörter aus **1** und **2** in der passenden Form ein.

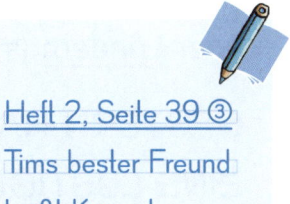

Tims bester Freund ▪ Krümel.

Am liebsten ist er ▪ im Garten.

Doch wenn er Tim sieht,

streicht er ihm zum ▪ um die Beine.

Sein ▪ Fell mag Tim gerne. Er hat mit ihm viel ▪.

Leider ist Krümel auch ein Tollpatsch.

Manchmal ▪ er die Bodenvase um

oder ▪ mit seinen Krallen an den Vorhängen.

Doch er ▪ Tim nie!

Heft 2, Seite 39 ③
Tims bester Freund
heißt Krümel. ....

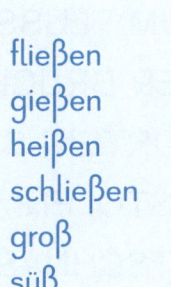

fließen
gießen
heißen
schließen
groß
süß

→ AH Seite 44    Lernportion 6: Merkwörter

**Nomen** schreibe ich **groß.** So erkenne ich sie:

1. Ich setze **vor das Wort einen Artikel:**
   **der** Onkel, **die** Mutter, **das** Kind …

2. Ich bilde die **Mehrzahl:** der Name – die Namen …

3. Ich **merke** mir: Namen von Personen, Städten oder Ländern
   sind auch Nomen: der Mädchenname **Anna**, die Stadt **Paris**,
   das Land **Deutschland**

**1** Finde die Nomen aus der Wörterschlange heraus
und schreibe immer Einzahl und Mehrzahl auf.

Heft 2, Seite 40 ①

die Mutter – die Mütter, …

…

MUTTERONKELTANTEBRUDERSCHWESTERTOCHTERSOHN

**2** Finde die 15 Nomen im Text. Schreibe sie in dein Heft.
Überprüfe und unterstreiche: Das Wort hat einen <u>Artikel</u>
(= blau). Von dem Wort kann ich die <u>Mehrzahl</u> bilden
(= rot). Das Wort ist ein <u>Name von Personen</u>, <u>Städten</u>
oder <u>Ländern</u> (= gelb).

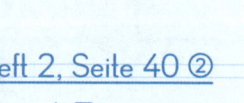

Heft 2, Seite 40 ②

<u>Freund</u>, <u>Tom</u>, …

…

GESTERN HATTEN MEIN FREUND TOM UND ICH
EINE LUSTIGE IDEE. WIR WOLLTEN ZWEI MÄDCHEN
AUS UNSERER KLASSE EINEN SCHRECK EINJAGEN.
WIR NAHMEN UNSERE FAHRRÄDER UND RADELTEN
ZUM FLUSS. DORT VERSTECKTEN WIR UNS UNTER
DER BRÜCKE UND WARTETEN. ALS WIR STIMMEN
HÖRTEN, SPRITZTEN WIR MIT UNSEREN WASSER-
PISTOLEN. GLEICHZEITIG ABER WURDEN WIR
PITSCHNASS. LISA UND ANNA HATTEN EINEN EIMER
VOLL WASSER VON OBEN HERUNTERGESCHÜTTET.

der Boden
der Bruder
das Dorf
die Ferien
das Foto
das Loch

**Satzanfänge** schreibe ich **groß:** Die Feuerwehr hat viele Aufgaben.

**1** Verfolge die Satzspuren mit dem Finger und schreibe die vier Sätze richtig auf.

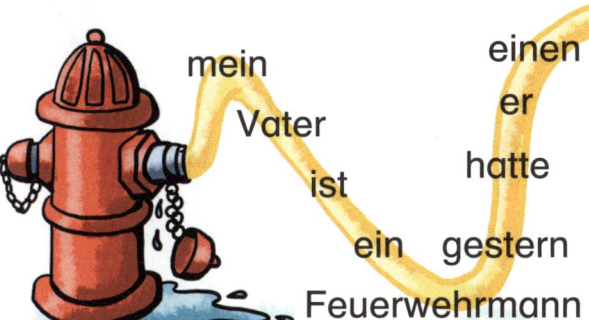

mein Vater ist ein gestern Feuerwehrmann einen er hatte großen Einsatz ein Bauernhof ist zum niedergebrannt Menschen alle konnten Glück und Tiere gerettet werden

Heft 2, Seite 41 ①
Mein Vater …
…

**2** Schreibe den Text richtig ab. Schreibe die Nomen und Satzanfänge groß. Markiere sie in verschiedenen Farben.

DIE FEUERWEHR HAT VIELE AUFGABEN. IHRE WICHTIGSTE AUFGABE IST ES, FEUER ZU LÖSCHEN. DIE FEUERWEHR HILFT ABER AUCH, WENN EIN UNFALL PASSIERT IST. DANN RETTET SIE DIE VERLETZTEN. SIE BESEITIGT AUCH DIE SCHÄDEN NACH EINEM UNWETTER, SIE PUMPT KELLER LEER UND RÄUMT UMGESTÜRZTE BÄUME AUS DEM WEG.

Heft 2, Seite 41 ②
Die Feuerwehr hat …
…

**3**

Mein Vater ist ein Feuerwehrmann. Gestern …

Punkt

das Gewitter
der Lärm
die Luft
leiden
kaputt
krank

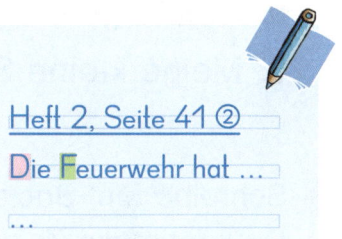

→ AH Seite 51

# 7 Zeitangaben großschreiben

> Die Namen der **Wochentage, Monate** und die **Zeiteinheiten** schreibe
> ich **groß**: Dienstag, Januar, drei Stunden, zwei Jahre, ein Monat
> Ich erkenne sie an einem **Signalwort, dem Artikel.** Manchmal ist er
> versteckt: **am** Abend (= **an dem** Abend), **im** Mai (= **in dem** Mai)

**①** Setze die Wörter richtig ein.
Schreibe erst das Wort mit dem Artikel
und dann den passenden Satz auf.

Heft 2, Seite 42 ①
1. der Abend: Am Abend trinke ich …
…

1. Am ▢ trinke ich eine warme Milch.
2. Jeden ▢ ziehe ich mich an.
3. Ich habe im ▢ Geburtstag.
4. 1 000 Meter schwimme ich in einer halben ▢ .
5. Am ▢ gehe ich zu einem Geburtstag.
6. Meine kleine Schwester ist fünf ▢ alt.

| DIENSTAG | MÄRZ |
|----------|------|
| ABEND | STUNDE |
| JAHRE | MORGEN |

**②** Schreibe fünf Sätze über dich auf.
Du kannst die Zeitangaben nutzen.

Heft 2, Seite 42 ②
Um sieben Uhr stehe ich auf.
…

| jeden Tag | am Wochenende | im Mai |

| in den Sommerferien | an Weihnachten |

| im Frühling | nächstes Jahr | am Mittwoch | um sieben Uhr |

**③**

Ostern ist
im April.

Ostern ist
im April.

der Mittag      manchmal
der Monat       morgen
gestern         oft

# 7 Anredepronomen richtig verwenden

In einem Brief an Freunde oder Verwandte benutze ich
diese Anredepronomen: du, dein, dich euch, ihr, ...
Diese darf ich groß- oder kleinschreiben.
In offiziellen Briefen wird der Briefpartner mit **Sie** angesprochen.
Die Anredepronomen werden der Höflichkeit wegen
großgeschrieben: Sie, Ihnen, Ihr, Ihre ...

**1** Jan ist umgezogen. Die Klasse 3 b schickt ihm diesen Einladungsbrief
zum Sommerfest. Lies den Brief aufmerksam durch.

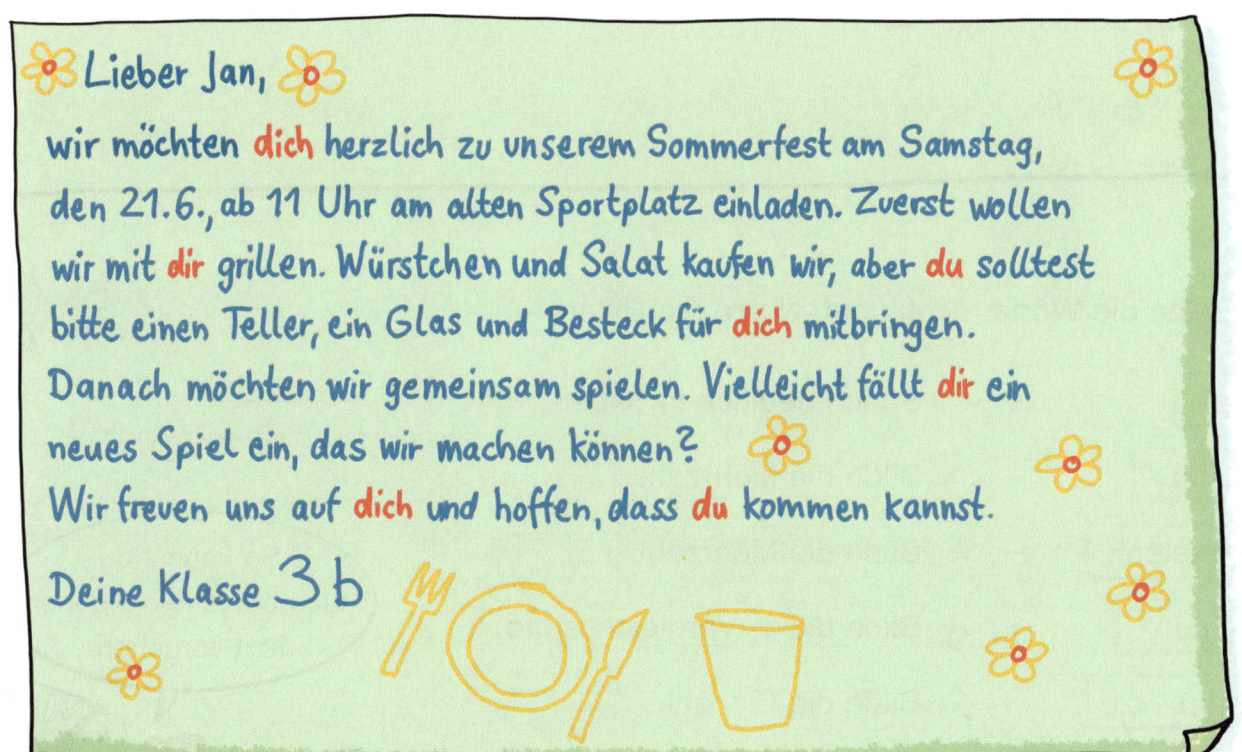

Lieber Jan,

wir möchten dich herzlich zu unserem Sommerfest am Samstag,
den 21.6., ab 11 Uhr am alten Sportplatz einladen. Zuerst wollen
wir mit dir grillen. Würstchen und Salat kaufen wir, aber du solltest
bitte einen Teller, ein Glas und Besteck für dich mitbringen.
Danach möchten wir gemeinsam spielen. Vielleicht fällt dir ein
neues Spiel ein, das wir machen können?
Wir freuen uns auf dich und hoffen, dass du kommen kannst.

Deine Klasse 3b

**2** Die Klasse möchte auch ihren ehemaligen Lehrer,
Herrn Winter, einladen. Schreibe die Einladung um
und benutze dabei die höflichen Anredepronomen.

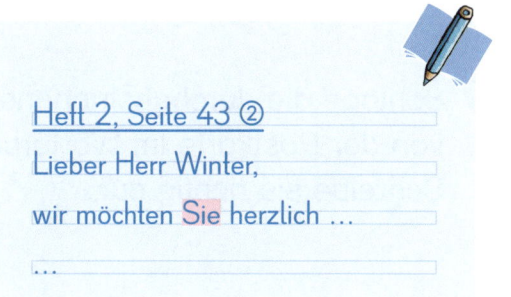

Heft 2, Seite 43 ②
Lieber Herr Winter,
wir möchten Sie herzlich ...
...

**1** Lies die Postkarte von Tom.
Bei manchen Wörtern ist er nicht sicher, wie man sie schreibt.

Liebe Mama, lieber Papa.

Gestern haben wir einen Sup★

Ausflu★ in das Spielelan★ gemacht. Leider

musste ich im Bus ~~schräcklich~~ dringen★

auf die ~~Tolette.~~ Bei den Parkpl★tzen

war dann ein Klo. Im Park ga★ es viele

versch★dene ~~Atrakzionen.~~

Bis bald, Tom

An Familie Seidl
An den Wäldern 3
78065 Grän

**2** Schreibe die Wörter richtig auf. Nutze die Hilfen.

| | | |
|---|---|---|
| sup★ | – ⌣ | Sprich deutlich in Silben. |
| Ausflu★ | – ↝ | Bilde die Mehrzahl. |
| Spielelan★ | – ↝ | Bilde die Mehrzahl. |
| dringen★ | – ↝ | Bilde die 1. Vergleichsstufe. |
| Parkpl★tze | – ⚡ | Bilde die Einzahl. |
| ga★ | – ↝ | Bilde die Grundform vom Verb. |
| versch★dene | – Überprüfe: Kurzer oder langer Selbstlaut? | |

Heft 2, Seite 44 ②
a) super, Ausflug ↝ Ausflüge, …
…

So kannst du
auch bei jedem eigenen
Text vorgehen.

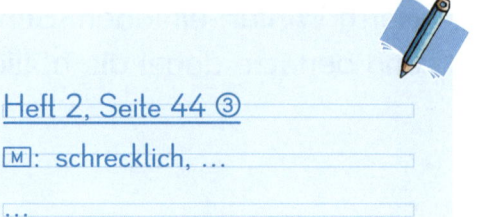

**3** Schlage die durchgestrichenen Wörter
von der Postkarte im Wörterbuch nach.
Schreibe sie richtig auf.

Heft 2, Seite 44 ③
M: schrecklich, …
…

M

## Nach Rechtschreibstrategien ordnen

**Auf einen Blick:**

⌣ In Silben gliedern: So vergesse ich keinen Buchstaben: Besen

↪ Durch Weiterschwingen ein Verlängerungswort finden.
So unterscheide ich **b** oder **p**, **d** oder **t** und **g** oder **k**
am Wortende: Ber___ die Berge

⚡ Ein Ableitungswort bilden. So unterscheide ich **e** oder **ä**
oder **eu** oder **äu**: Zäune ⚡ Zaun     Häschen ⚡ Hase

M Wörter mit doppelten Selbstlauten oder mit einem **ß**
muss ich mir merken: Schnee, Fuß

**①** Ordne den Zeichen zu, welche Strategie dir hilft, die
markierte Stelle richtig zu schreiben.

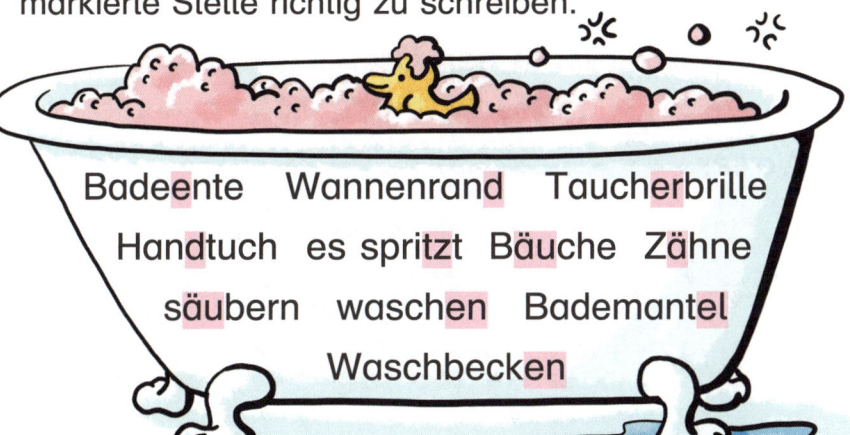

Badeente   Wannenrand   Taucherbrille
Handtuch   es spritzt   Bäuche   Zähne
säubern   waschen   Bademantel
Waschbecken

Heft 2, Seite 45 ① + ②

⌣: Badeente
_____

⚡: Handtuch
_____

↪: ...
_____

M: ...
_____

**②** Ordne auch diese Wörter in **①** ein.

Ber*   W*sche   es schwimm*   er w*scht
H*nde   w*rmen   Ba*   hei*

**③**

Tomate

der Delphin
das Schiff
der Schwanz
reißen
retten
tauchen

**1** Ordne die Symbole den passenden Wörtern zu.
Schreibe die Wörter in dein Heft.

Heft 2, Seite 46 ①
a) toller, Tag ↪ die Tage
b) lächelt ⚡ lachen
...

a) **Ein toll∗ Ta∗ am Meer** ↪ ∽

b) Paul l∗chelt bis über beide Ohr∗. ∽ ⚡

c) Er nimmt sich sein Fahrra∗ und f∗hrt los. ↪ ⚡

d) Heute ge∗t es mit seinem Freun∗ Tobi ans Wass∗. ∽ ↪ ↪

e) Hier an der Nor∗see bl∗st das ganze Jahr der Win∗. ⚡ ↪ ↪

f) Für die Han∗tücher find∗ sie ein Pl∗tzchen in den Dün∗. ∽ ↪ ⚡ ∽

g) Tobi sprin∗t muti∗ ins kalte Wa∗er. ∽ ↪ ↪

h) Paul l∗ft über den Stran∗. ↪ ⚡

i) Er l∗sst seinen bunt∗ Drach∗ steig∗. ∽ ∽ ∽ ⚡

**2**

# 8 Rechtschreibfehler verbessern

**1** In Monis Text sind die Fehler schon angestrichen. Schreibe den Text fehlerfrei ab. Lass dabei immer eine Zeile frei.
Begründe die richtige Schreibweise,
z. B. „Satzanfang = groß", „Nomen = groß",
  „Verb = klein" oder „Adjektiv = klein".
Schreibe die Begründung über das Wort in die leere Zeile.

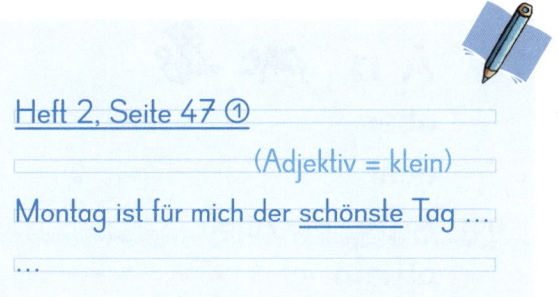

Heft 2, Seite 47 ①

_____ (Adjektiv = klein)
Montag ist für mich der <u>schönste</u> Tag ...

...

Montag ist für mich der Schönste Tag der woche. Da habe ich gitarrenunterricht. Ich hätte nicht Gedacht, dass es so viel Spaß macht. letzten Sonntag durfte ich vor publikum auftreten. Es war ganz leicht. ich war überhaupt nicht Aufgeregt.          (Moni, 8 Jahre)

**2** Davids Text enthält insgesamt acht Fehler. Schreibe den Text fehlerfrei ab.

**a)** Kennzeichne die vier Verlängerungsfehler mit ↪.

**b)** Markiere die anderen Fehler. Erkläre, was David verkehrt gemacht hat.

Heft 2, Seite 47 ②
Wenn mir langweilig ist, dann gehe ...

...

Wenn mir Langweilig ist, dann gehe ich auf den Bolzplaz.   ‖
Hier ist immer ein Freund, der mit mir kikt. mittwochs   ‖
trainiere ich im Fußbalverein. Am Wochenende haben wir   |
ein spiel. Ich spiele im Mittelfelt, aber wenn der Torwart   ‖
Krank ist, dann stehe ich zwischen den Pfosten.   (David, 9 Jahre) |

Ich kann auch im Wörterbuch nachschlagen.

→ AH Seite 60          Lernportion 8: Fehler berichtigen          **47**

## Wörterliste

### A a

aber

acht

der **Af|fe,** die Affen

al|lein

al|les

**än|dern,** sie änderte

der **An|fang,** die Anfänge

**an|fan|gen,** er fing an

die **An|gel,** die Angeln

der **Ap|fel,** die Äpfel

der **April**

**ar|bei|ten,** er arbeitete

der **Arzt,** die Ärzte

die **Ärz|tin,** die Ärztinnen

der **Ast,** die Äste

**auf|räu|men,** sie räumte auf

das **Au|ge,** die Augen

der **Au|gust**

das **Au|to,** die Autos

die **Axt,** die Äxte

### B b

der **Bach,** die Bäche

**ba|cken,** er backte (auch: buk)

die **Bahn,** die Bahnen

**bald**

der **Ball,** die Bälle

die **Bank,** die Bänke

der **Bauch,** die Bäuche

der **Baum,** die Bäume

die **Bee|re,** die Beeren

**be|gin|nen,** sie begann

das **Bein,** die Beine

**be|quem**

der **Berg,** die Berge

**be|stimmt**

das **Bett,** die Betten

**bie|gen,** er bog

die **Bie|ne,** die Bienen

das **Bild,** die Bilder

**bit|ten,** sie bat

das **Blatt,** die Blätter

**bli|cken,** er blickte

**blin|ken,** es blinkte

der **Blitz,** die Blitze

die **Blu|me,** die Blumen

die **Blü|te,** die Blüten

der **Bo|den,** die Böden

das **Boot,** die Boote

**bo|xen,** sie boxte

**bra|ten,** er briet

**bre|chen,** sie brach

der **Brief,** die Briefe

die **Bril|le,** die Brillen

**brin|gen,** er brachte

das **Brot,** die Brote

der **Bru|der,** die Brüder

das **Buch,** die Bücher

die **But|ter**

### C c

der **Cent,** die Cents

der **Com|pu|ter,** die Computer

### D d

**da|bei**

**dan|ken,** er dankte

der **Dau|men,** die Daumen

**den|ken,** sie dachte

der **De|zem|ber**

**dick**

der **Dieb,** die Diebe

der **Diens|tag**

der **Don|ners|tag**

**doof**

das **Dorf,** die Dörfer

die **Do|se,** die Dosen

der **Draht,** die Drähte

**dre|ckig**

**drei**

**drü|cken,** er drückte

**du**

**dumm**

**dun|kel**

der **Durst**

# E e

das **Ei,** die Eier

der **Ei|mer,** die Eimer

**ein|pa|cken,** sie packte ein

**eins**

der **Ele|fant,** die Elefanten

die **El|tern**

**end|lich**

die **En|te,** die Enten

die **Er|de**

**er|lau|ben,** er erlaubte

**er|wach|sen**

**er|zäh|len,** sie erzählte

**es|sen,** er aß

**ex|tra**

# F f

das **Fach,** die Fächer

**fah|ren,** sie fuhr

die **Fahr|kar|te,** die Fahrkarten

das **Fahr|rad,** die Fahrräder

die **Fahrt,** die Fahrten

die **Fa|mi|lie,** die Familien

**fan|gen,** er fing

**fas|sen,** sie fasste

der **Fe|bru|ar**

die **Fe|der,** die Federn

die **Fei|er,** die Feiern

**fei|ern,** er feierte

das **Feld,** die Felder

die **Fe|ri|en**

der **Fern|se|her,** die Fernseher

der **Fin|ger,** die Finger

der **Fisch,** die Fische

die **Fla|sche,** die Flaschen

**flei|ßig**

**flie|gen,** sie flog

**flie|ßen,** er floss

das **Flug|zeug,** die Flugzeuge

der **Fluss,** die Flüsse

das **Fo|to,** die Fotos

**fra|gen,** sie fragte

der **Frei|tag**

**fres|sen,** er fraß

der **Freund,** die Freunde

**freund|lich**

der **Frie|den**

der **Früh|ling,** die Frühlinge

**früh|stü|cken,** sie frühstückte

der **Fuchs,** die Füchse

füh|len, sie fühlte

füh|ren, er führte

fünf

der Fuß, die Füße

der Fuß|ball, die Fußbälle

das Fut|ter

# G g

ganz

der Gar|ten, die Gärten

ge|ben, sie gab

die Ge|fahr, die Gefahren

ge|fal|len, es gefällt

ge|hen, er ging

der Geh|weg, die Gehwege

das Geld

das Ge|mü|se, die Gemüse

das Ge|schenk, die Geschenke

das Ge|sicht, die Gesichter

ges|tern

das Ge|wit|ter, die Gewitter

gie|ßen, sie goss

das Glas, die Gläser

die Glo|cke, die Glocken

glück|lich

groß

die Groß|el|tern

grü|ßen, er grüßte

gut

# H h

das Haar, die Haare

der Ham|mer, die Hämmer

die Hand, die Hände

das Han|dy, die Handys

hän|gen, er hängte oder: er hing

der Ha|se, die Hasen

das Haus, die Häuser

das Heft, die Hefte

heiß

hei|ßen, sie hieß

hel|fen, er half

hell

heu|te

die He|xe, die Hexen

die Höh|le, die Höhlen

die Ho|se, die Hosen

der Hund, die Hunde

hun|dert

hüp|fen, sie hüpfte

# I i

die Idee, die Ideen

der Igel, die Igel

ihm

im|mer

in|nen

# J j

die Ja|cke, die Jacken

der Ja|nu|ar

jetzt

der Ju|li

der Jun|ge, die Jungen

der Ju|ni

# K k

der Kaf|fee, die Kaffees

der **Kamm,** die Kämme

**kämp|fen,** er kämpfte

die **Kan|ne,** die Kannen

**ka|putt**

die **Kat|ze,** die Katzen

**kau|fen,** sie kaufte

**ken|nen,** er kannte

das **Kind,** die Kinder

das **Ki|no,** die Kinos

das **Kis|sen,** die Kissen

die **Klas|se,** die Klassen

das **Kla|vier,** die Klaviere

das **Kleid,** die Kleider

**klein**

**klin|gen,** es klang

**klop|fen,** sie klopfte

**ko|chen,** er kochte

der **Kö|nig,** die Könige

**kön|nen,** sie konnte

der **Kopf,** die Köpfe

**krank**

das **Kro|ko|dil,** die Krokodile

die **Kü|che,** die Küchen

der **Ku|chen,** die Kuchen

die **Kur|ve,** die Kurven

**kurz**

# L l

**lä|cheln,** er lächelte

**la|chen,** sie lachte

das **Land,** die Länder

**lang|sam**

der **Lärm**

**las|sen,** er ließ

**lau|fen,** sie lief

**leer**

**leicht**

**lei|den,** er litt

die **Lei|ter,** die Leitern

**len|ken,** er lenkte

**le|sen,** sie las

das **Le|xi|kon,** die Lexika

das **Licht,** die Lichter

die **Lie|be**

die **Li|nie,** die Linien

das **Loch,** die Löcher

der **Löf|fel,** die Löffel

die **Luft,** die Lüfte

**lus|tig**

# M m

**ma|chen,** sie machte

das **Mäd|chen,** die Mädchen

der **Mai**

**ma|len,** er malte

**manch|mal**

der **Mann,** die Männer

der **Man|tel,** die Mäntel

der **März**

die **Ma|schi|ne,** die Maschinen

die **Mau|er,** die Mauern

die **Maus,** die Mäuse

das **Meer,** die Meere

**mes|sen,** es maß

das **Mes|ser,** die Messer

**mich**

die **Milch**

der **Mit|tag,** die Mittage

die **Mit|te,** die Mitten

der **Mitt|woch**

der **Mo|nat,** die Monate

der **Mond,** die Monde

der **Mon|tag**

**mor|gen**

der **Müll**

der **Mund,** die Münder

die **Mu|schel,** die Muscheln

die **Mu|sik**

**müs|sen,** er musste

die **Mut|ter,** die Mütter

die **Müt|ze,** die Mützen

## N n

der **Na|gel,** die Nägel

die **Na|se,** die Nasen

**nass**

**neh|men,** sie nahm

das **Netz,** die Netze

**neu**

**neun**

**nichts**

**nie**

der **No|vem|ber**

**nun**

**nur**

## O o

**ob**

**oben**

**of|fen**

**oft**

**oh|ne**

das **Ohr,** die Ohren

der **Ok|to|ber**

der **Ort,** die Orte

## P p

**paar**

das **Paar,** die Paare

**pa|cken,** er packte

das **Pa|pier,** die Papiere

die **Pfan|ne,** die Pfannen

der **Pfef|fer**

die **Pfei|fe,** die Pfeifen

das **Pferd,** die Pferde

der **Platz,** die Plätze

**plötz|lich**

der **Preis,** die Preise

**pro|bie|ren,** sie probierte

die **Prü|fung,** die Prüfungen

der **Punkt,** die Punkte

## Qu qu

die **Qual|le,** die Quallen

der **Qualm**

der **Quark**

das **Quar|tett,** die Quartette

**quat|schen,** er quatschte

**quer**

**quiet|schen,** es quietschte

## R r

das **Rad,** die Räder

**ra|ten**

das **Rät|sel,** die Rätsel

der **Rauch**

rech|nen, sie rechnete

das Re|gal, die Regale

der Re|gen

rei|sen, er reiste

rei|ßen, es riss

ret|ten, sie rettete

rich|tig

rie|chen, es roch

der Rie|se, die Riesen

der Ring, die Ringe

rot

der Rü|cken, die Rücken

rüh|ren, er rührte

die Rut|sche, die Rutschen

## S s

die Sa|che, die Sachen

sa|gen, er sagte

sam|meln, er sammelte

der Sams|tag

der Sand

der Satz, die Sätze

sau|ber

die Schal, die Schals

schal|ten, sie schaltete

die Sche|re, die Scheren

schie|ben, sie schob

schief

das Schiff, die Schiffe

schla|fen, es schlief

der Schlauch, die Schläuche

schlie|ßen, er schloss

schlimm

der Schlit|ten, die Schlitten

schlu|cken, sie schluckte

die Schne|cke, die Schnecken

der Schnee

schreck|lich

schrei|ben, er schrieb

der Schuh, die Schuhe

die Schu|le, die Schulen

das Schul|fest, die Schulfeste

der Schul|hof, die Schulhöfe

die Schul|tasche, die Schultaschen

der Schwamm, die Schwämme

der Schwanz, die Schwänze

schwei|gen, sie schwieg

schwer

die Schwes|ter, die Schwestern

schwie|rig

schwim|men, er schwamm

sechs

se|hen, er sah

die Sei|fe, die Seifen

seit

die Sei|te, die Seiten

der Sep|tem|ber

set|zen, sie setzte

si|cher

das Sieb, die Siebe

sie|ben

sie|gen, sie siegte

sin|gen, er sang

der Sitz, die Sitze

sol|len, er sollte

der Som|mer, die Sommer

die Son|ne, die Sonnen

der Sonn|tag

## Wörterliste

die **Spa|get|ti**

der **Spaß,** die Späße

das **Spiel,** die Spiele

**spie|len,** sie spielte

das **Spiel|zeug,** die Spielzeuge

die **Spin|ne,** die Spinnen

**spot|ten,** er spottete

die **Spra|che,** die Sprachen

**sprin|gen,** er sprang

**spu|cken,** sie spuckte

die **Stadt,** die Städte

der **Stamm,** die Stämme

**stark**

**ste|cken,** es steckte

**ste|hen,** sie stand

**stei|gen,** er stieg

**steil**

der **Stein,** die Steine

die **Stel|le,** die Stellen

**ster|ben,** sie starb

der **Stift,** die Stifte

**still**

**stim|men,** er stimmte

**sto|ßen,** sie stieß

der **Strand,** die Strände

die **Stra|ße,** die Straßen

der **Strauß,** die Sträuße

**strei|ten,** er stritt

das **Stück,** die Stücke

der **Stuhl,** die Stühle

der **Sturm,** die Stürme

**su|chen,** sie suchte

**süß**

## T t

die **Ta|fel,** die Tafeln

**tan|ken,** er tankte

die **Ta|sche,** die Taschen

das **Ta|xi,** die Taxis

der **Tee,** die Tees

das **Te|le|fon,** die Telefone

der **Tel|ler,** die Teller

**teu|er**

der **Text,** die Texte

das **Tier,** die Tiere

der **Ti|ger,** die Tiger

der **Tisch,** die Tische

**tra|gen,** sie trug

die **Trä|ne,** die Tränen

**trei|ben,** es trieb

**trin|ken,** er trank

**trotz|dem**

das **Tuch,** die Tücher

**tur|nen,** sie turnte

## U u

**über|all**

die **Uhr,** die Uhren

**und**

**un|ten**

## V v

die **Va|se,** die Vasen

der **Va|ter,** die Väter

das **Ven|til,** die Ventile

**ver|bie|ten,** er verbot

**ver|ges|sen,** sie vergaß

der **Ver|kehr**

ver|let|zen, er verletzte

ver|lie|ren, sie verlor

ver|rei|sen, sie verreiste

ver|spielt

ver|ste|hen, sie verstand

ver|wech|seln, er verwechselte

viel

viel|leicht

vier

der Vo|gel, die Vögel

voll

von

vor

vor|bei

vorn

vor|sich|tig

## W w

die Waa|ge, die Waagen

wach

wach|sen, sie wuchs

wäh|len, er wählte

der Wal, die Wale

der Wald, die Wälder

wa|schen, er wusch

wech|seln, sie wechselte

der Weg, die Wege

weiß

die Welt, die Welten

wer|fen, er warf

wie|der

win|ken, sie winkte

wis|sen

der Witz, die Witze

die Wo|che, die Wochen

die Woh|nung, die Wohnungen

wol|len, er wollte

das Wort, die Wörter

wün|schen, sie wünschte

## Z z

die Zahl, die Zahlen

zäh|len, er zählte

der Zahn, die Zähne

der Zaun, die Zäune

der Zeh, die Zehen

zehn

zei|gen, sie zeigte

die Zeit, die Zeiten

die Zei|tung, die Zeitungen

das Zelt, die Zelte

das Zeug|nis, die Zeugnisse

zie|hen, er zog

das Ziel, die Ziele

das Zim|mer, die Zimmer

der Zir|kus, die Zirkusse

der Zoo, die Zoos

der Zu|cker

der Zug, die Züge

zu|letzt

die Zun|ge, die Zungen

zu|rück

zu|sam|men

zwei

# Einsterns 3 Schwester

Themenheft 2

Richtig schreiben

| | |
|---|---|
| Herausgegeben von: | Roland Bauer, Jutta Maurach |
| Erarbeitet von: | Wiebke Gerstenmaier, Sonja Grimm und der Redaktion Primarstufe |
| Redaktion: | Mirjam Löwen |
| Illustration: | Yo Rühmer |
| Umschlaggestaltung: | klein & halm, Berlin |
| Layout und technische Umsetzung: | Katrin Tengler |

**Textquelle**

7 Kruse, Max: Nimm Entenfedern. Aus: Windkinder. Ensslin, Reutlingen 1968

**www.cornelsen.de**

1. Auflage, 12. Druck 2022

Alle Drucke dieser Auflage sind inhaltlich unverändert
und können im Unterricht nebeneinander verwendet werden.

© 2011 Cornelsen Verlag, Berlin
© 2017 Cornelsen Verlag GmbH, Berlin

Druck: Athesiadruck GmbH

ISBN 978-3-06-080153-4

**PEFC zertifiziert**
Dieses Produkt stammt aus nachhaltig
bewirtschafteten Wäldern und kontrollierten
Quellen.

**PEFC**
PEFC/18-31-166

www.pefc.de